En busca del Arca perdida de Noé

Charles Berlitz

En busca del Arca perdida de Noé

Investigación en el monte Ararat

Círculo de Lectores

Con mi agradecimiento a Ahmet Ali Arslan por sus fotografías y dibujos, mapas y datos relacionados con sus numerosas ascensiones al monte Ararat.

CAPÍTULO I

El Arca en el monte

Muy al norte de la meseta de Anatolia, en la Turquía oriental, y a pocos kilómetros de la divisoria entre Irán y URSS, surge súbitamente de la planicie una montaña. No es de las más altas del mundo (5.156 metros) pero su nombre figura desde hace mucho entre las más famosas. Durante varios milenios dicho nombre ha entrañado un mensaje para la mayoría de los pueblos del mundo..., un nombre que promete y enseña, ordena y a veces amenaza. Este nombre es Ararat.

El Ararat, cuya cumbre fuera escenario de la célebre llegada del Arca de Noé cuando se produjo el Diluvio, ha formado parte de las creencias cristianas durante casi dos mil años, de las judaicas todavía mucho más tiempo, de las babilónicas antes de eso y de las sumerias con anterioridad a que el hecho fuese una leyenda en Babilonia, cuando se daba un nombre distinto a Noé (Ut-Napishtim). La tradición musulmana ha inmortalizado a Noé (Nuh, en árabe) y su gran nave, no obstante el monte en donde ésta embarrancara, denominado *Al-Judi* («las alturas»), es de localización bastante incierta, pues se suele hacer referencia, indistintamente, al Ararat y a otras dos montañas del Oriente Medio. El Libro del Génesis ofrece una localización aproximada al hacer constar que «el Arca se asentó sobre los montes de Ararat», nombre que deriva de *Urartu*, denominación de la Armenia arcaica. Pero, según la creencia popularizada entre las naciones colindantes al Ararat así como entre casi todos los descendientes espirituales de los «pueblos del Libro» (lo cual incluye a cristianos, judíos y musulmanes), la varada del Arca tuvo lugar en el monte Ararat, quizá porque éste tuviera la altura más elevada, formidable e inaccesible entre todas las «montañas de Armenia».

Al correr de los siglos, muy diversos viajeros que, provenientes del Asia central o dirigiéndose hacia ella, desfilaron ante el monte Ararat a lomos de caballo, mula o en caravanas de camellos, señalaron la presencia de una inmensa nave próxima a la cima del monte o hablaron con nativos que aseguraban no sólo haberla visto sino también inspeccionado; estos indígenas afirmaban incluso haber cogido trozos de la brea que revestía el Arca para hacerse amuletos contra enfermedades y desastres, contra el riesgo de envenenamiento y el fracaso en los lances amorosos.

Desde principios del siglo XIX, equipos de montañeros vienen escalando el Ararat provistos con picos de escalador y demás pertrechos, cuadrantes, altímetros y diversas cámaras. Tales expediciones no han encontrado todavía en el monte ningún resto concreto ni fragmentos de naves gigantescas salvo sombras que semejan barcos debajo de los glaciares o vigas de madera empotradas en el hielo cerca de la cumbre. Cada vez parece más verosímil la idea de que el Arca pudo haberse caído o deslizado dentro de una colosal fisura y yazca congelada en uno de los varios glaciares que descienden con suma lentitud por el Ararat.

Se diría que la presencia de una nave arcaica en la cumbre del Ararat o de cualquier otra montaña elevada, es tan sólo el vestigio de alguna leyenda remota combinada con algún mensaje religioso y moralizador para las sucesivas generaciones. Cuando se mira el monte desde la planicie o las colinas circundantes y se reflexiona sobre la fascinante historia de Noé y el Arca, resulta fácil imaginar que se está contemplando la silueta de un barco en las formas dentadas de las crestas, o un contorno largo y ovalado en las gargantas o una mancha rectangular, negra e inexplicable a lo largo de los glaciares. Pero las numerosas personas que aseguraron haber visto una nave en el Ararat, particularmente durante los últimos doscientos años, no contemplaron el monte desde la lejanía sino desde puntos elevados de su ladera o a veces, según informan estas mismas personas, en la proximidad inmediata de una nave cuya mayor parte se halla hundida en la masa helada de un glaciar.

El hecho paradójico de que una nave pueda subsistir durante milenios en lo alto de una montaña, no es inconcebible. Por lo pronto debemos aceptar la teoría de un gran diluvio, de maremotos cuyas monstruosas olas barrieron los valles, llanuras y montañas de la tierra arrastrando consigo los restos de una civilización aniquilada. Una vez aceptado así, el Arca de Ararat sería uno de los muchos elementos supervivientes de esa inundación, tal como puede haber sido el caso de otras embarcaciones salvadoras a las que se hace referencia en todas las culturas primitivas y prehistóricas según la más antigua de las leyendas comunes. Pues la historia del Diluvio es tan conocida, mundialmente, como esa otra historia sobre la supervivencia por mar de un hombre y una mujer privilegiados, y acompañados casi siempre por otros miembros de la familia o sus seguidores junto con diversos animales y plantas para renovar la vida en un mundo devastado. Tan sólo el nombre de Noé y de los diferentes animales que él llevaba consigo, varían en las numerosas partes del planeta donde se ha conservado esa leyenda. Las diferentes versiones locales se asemejan tanto entre sí que cuando los españoles llegaron al Nuevo Mundo, descubrieron que tanto las naciones indias civilizadas como las tribus selváticas estaban ya familiarizadas con la épica del Diluvio. Algunos de los conquistadores consideraron ese conocimiento insospechado de la tradición religiosa cristiana como una simple triquiñuela del Demonio para sembrar la confusión entre los verdaderos creyentes.

Resulta comprensible que un acontecimiento de la magnitud

del Diluvio universal perviva en la memoria de las generaciones supervivientes. Pero se nos antoja bastante menos verosímil la leyenda sobre una inmensa nave de madera subsistiendo durante milenios, sobreviviendo a grandes ciudades y a civilizaciones enteras. Y si la madera y el hierro, el cobre y el ladrillo, el acero y cualquier otro material de construcción, salvo los inmensos bloques pétreos, se desmenuzan y desvanecen con el tiempo, ¿cómo es posible que una nave de madera pueda conservar su forma reconocible sobre la cima de un monte? Esta pregunta tiene una respuesta: ello sería posible si estuviese congelada. La cumbre del Ararat, el glaciar entre los dos picos y los pliegues internos de los profundos glaciares que descienden muy despacio por sus laderas generarían el frío suficiente para preservar una embarcación hecha con pesados maderos y calafateada «con brea por dentro y por fuera» según las palabras del Génesis. Las observaciones ocasionales de escaladores y pilotos indicando la existencia de un objeto con forma de nave sobre el Ararat, han mostrado repetidas veces la sección de una gran embarcación cuya mayor parte se halla hundida en el hielo, o bien de una sombra debajo del hielo que parece seguir las líneas de un barco con las dimensiones aproximadas del Arca tal como se especifica en el Génesis: «Hazla así: trescientos codos de largo, cincuenta de ancho y treinta de alto.»

Cabría significar aquí que las dos posibilidades expuestas son, en esencia, la misma si se consideran las variaciones climatológicas. Cada veinte años, más o menos, una oleada de calor intenso barre la región del Ararat, y durante este período es cuando se ha observado la presencia de una nave, sobre todo en los meses más calurosos, agosto y principios de septiembre. Mientras el objeto permanezca debajo del hielo será inmune a la descomposición orgánica, al igual que los diversos animales extinguidos como el mamut siberiano, el tigre con colmillo de sable y otros animales del Pleistoceno hallados en Alaska y en el Canadá septentrional, con toda su anatomía íntegra incluida el pelaje y la epidermis, así como el alimento de la era preglacial todavía sin digerir en sus estómagos.

Puesto que la nieve y el hielo se retiran muy raras veces de ciertas áreas del monte Ararat, los exploradores pueden haber trepado sin darse cuenta sobre los vestigios de una gran nave. Si la embarcación está todavía en el monte, cubierta por densas capas de nieve y hielo, se requerirá una investigación prolongada y especializada, operación harto difícil en una montaña de escalada tan peligrosa que, según lo quieren las supersticiones locales, ha contado con una protección sobrenatural contra los escaladores que la han explorado en busca del Arca a lo largo de los siglos. Esta supuesta protección entraña incontables peligros: avalanchas, deslizamientos súbitos de terreno rocoso, violentas tormentas con gran aparato eléctrico y vientos huracanados cerca de la cumbre. Espesas brumas apareciendo inopinadamente desorientan a los montañeros y suelen extraviarlos hacia profundos despeñaderos cubiertos de nieve que acaban siendo sus tumbas. Hay también otros peligros vivientes: serpientes venenosas en la base del monte y, siguiendo hacia arriba, manadas de lobos y de perros salvajes no menos feroces, osos en cuyas cavernas aparentemente vacías un montañero puede buscar refugio, y, a veces, curdos insurrectos, sobre todo en estos últimos tiempos. Todo ello podría hacer pensar a futuros exploradores del monte que unas fuerzas muy superiores a la gendarmería local, siempre vigilante, han puesto fuera de su alcance esa cima.

Pero los investigadores no han interrumpido su esforzada acción. La búsqueda del barco perdido en el Ararat prosigue, y al parecer se intensifica cada año durante los últimos meses del verano, cuando se ha derretido una buena parte del hielo. Pues el premio a sus esfuerzos es incalculable: descubrir el cuerpo principal del Arca, esa forma tantas veces descrita por los escaladores de la montaña y los observadores desde el aire. Esto podría modificar nuestra interpretación de la historia antigua, y hacernos revisar la historia geológica del mundo así como reafirmar las creencias religiosas tradicionales de una gran parte de los pueblos que habitan en el mundo. Desde este punto de vista, el Arca se hace intemporal, afecta al futuro tanto como al pasado.

CAPÍTULO II

Referencias antiguas y confirmaciones contemporáneas

Muchas de las referencias históricas sobre atisbos de una nave en el monte Ararat, visto desde la llanura, provienen de observadores que han estado en ciudades desde las que se divisa la montaña. Otras han sido transmitidas por viajeros que cruzaban la planicie de Anatolia en lentas caravanas camino de Persia, Armenia y los países tártaros más al norte, ahora parte de la URSS. En épocas antiguas y medievales, cuando la fe era más firme y los hombres menos escépticos, se aceptaba por lo general la presencia del Arca de Noé en el Ararat como un hecho real. Así pues, cuando los viajeros desfilaban ante el monte, sus guías les solían señalar los lugares de las laderas o de la cima desde donde se podía ver todavía el Arca de Noé. Porque a la luz clara del alba, antes de que las nubes cubran la cumbre, o en el crepúsculo vespertino, cuando esas nubes se han disipado y los negros contornos de las crestas se perfilan sobre el cielo rosáceo o violeta, resulta muy sencillo para un creyente o incluso para un ateo imaginativo distinguir la silueta de una gran nave allá en las alturas.

Aunque en la historia antigua o medieval existan gran número de referencias sobre el Arca, algunas de ellas atañen a unos pormenores que más tarde se han hecho familiares entre los investigadores modernos del Arca. Beroso, un historiador babilonio que escribía allá por el año 275 a. de C., se refiere a «la nave que embarrancó en Armenia», y menciona que los habitantes de aquella comarca «solían arrancar trozos de brea a la nave para hacerse amuletos». Esta curiosa reseña intrigó a Flavio Josefo, historiador judío del siglo I durante la ocupación romana de Judea. Al volver a contar la historia de Noé y el Diluvio, Josefo escribe: «Una porción de la nave se halla todavía en Armenia... diversas personas se llevan trozos de betún para usarlos como talismanes...» Hacia fines de la Edad Media, una tradición recomendaba a quienes quisieran preservarse contra el envenenamiento, que pulverizaran brea, la disolviesen en agua e ingirieran el brebaje resultante.

> Comentario: *Las referencias de dichos escritos antiguos y algunas más acerca de la brea y el betún son interesantes, no sólo porque concuerdan con el Génesis sino también por denotar un posible acceso a la inmensa embarcación en siglos pasados y explicar asimismo por qué se han conservado bien debajo del hielo las vigas y los maderos hallados en lo alto del monte.*

Flavio Josefo incluye una nota interesante en su *Historia de los judíos*: «Los armenios llaman a ese lugar "El sitio del Descanso", pues habiéndose salvado el Arca en aquel paraje, los lugareños exhiben allí sus restos hasta el presente día.»

Nicolás de Damasco, quien escribía historia universal en el siglo I d. de C., cita el monte Ararat con el nombre de *Baris*: «...hay en Armenia una enorme montaña llamada Baris en donde muchos refugiados encontraron la salvación por los tiempos del Diluvio, y un hombre viajando con un Arca embarrancó en la cumbre, y sus maderos han sido conservados como reliquia desde hace mucho.»

> *Baris es un nombre más para designar el actual monte Ararat que, en Armenia, se denomina Massis, «Madre del Mundo». Llegado el momento de formular conclusiones, Nicolás muestra una reticencia algo académica cuando añade re-*

flexivo: «...éste debe de ser el mismo nombre a quien se refiriera Moisés, el legislador judío...»

Hacia fines del siglo XV, uno de los viajeros más famosos de la Historia pasó por Ararat. Fue Marco Polo, cuando se encaminaba a la corte del gran Khan, en Catay. Su libro, *Viajes de Marco Polo*, contiene curiosas referencias sobre el Arca: «Debéis saber que este país de Armenia es el lugar donde se halla el Arca de Noé en lo alto de cierta montaña inmensa cuyos picos tienen nieve de forma tan constante que nadie puede ascender hasta ellos; pues la nieve no se derrite jamás y aumenta sin cesar con las nuevas nevadas. Sin embargo, abajo la nieve se derrite y corre en forma líquida produciendo una hierba tan rica y abundante que, durante el verano, se apacenta allí al ganado, y aunque el recorrido hasta allá sea muy largo y tortuoso, no se hace jamás en balde.»

La descripción de Marco Polo coincide con las características del monte Ararat si se exceptúa la observación de que nadie puede ascender a su cumbre. El importante punto de que la nieve y el hielo se derriten en la base y corren por debajo de los glaciares es digno de mención ya que ha sido en ciertas grietas debajo de los glaciares donde los investigadores modernos han encontrado antiquísimos maderos y vigas.

Hacia principios del siglo XVII, un visitante alemán de aquella zona, Adam Oelschläger (Olearius, en latín), hace la siguiente observación en su obra *Viajes y travesías de los embajadores*: «Los armenios y los propios persas opinan que en la susodicha montaña hay todavía algunos restos del Arca, pero tan endurecidos por el tiempo que parecen estar absolutamente petrificados.»

La alusión de Olearius a esa petrificación de la madera resulta comprobable en los maderos extraídos de las laderas gla-

ciales y peladas del monte, que podemos ver hoy día en el monasterio de Echmiadzin y que también se asemejan a los trozos de la presunta Arca recobrados en nuestro tiempo por el montañero y explorador francés Fernand Navarra, así como a otros residuos descubiertos por exploradores diversos.

En 1356, Sir John Mandeville vio el monte hacia el amanecer cuando las nubes no habían ocultado todavía la cumbre y, ofuscado por sus monstruosas dimensiones más que aparentes, intentó calcular su altura, figurando entre los primeros observadores que hicieron tal cosa. Y lo describió así: «Un monte llamado Ararat... en cuya cima descansa todavía la nave de Noé y que, con tiempo claro, los hombres lo distinguen desde grandes distancias. Este monte mide sus buenas siete millas de altura...»

Como, en realidad, Ararat tiene 5.156 metros de altura, ese entusiasmo desbordante de Sir John tiende a minimizar otras observaciones suyas sobre el monte Ararat. No obstante, es comprensible que se le disculpe si se tiene presente la apariencia súbita y amedrentadora del Ararat cuando las nubes se levantan. Sir John Montgomery sugiere en su libro The Quest for Noah's Ark *que tal vez Sir John Mandeville calculara esa distancia desde las colinas hasta la cúspide del pico más alto.*

Aparentemente, los numerosos escritores de la Antigüedad y la Edad Media que describieron el Ararat no sintieron la necesidad de escalar sus laderas ni de enfrentarse con sus glaciares y precipicios, sus deslizamientos rocosos y avalanchas para comprobar con los propios ojos si el Arca estaba allí o no. A decir verdad, nada de eso fue necesario en aquellos tiempos. La fe religiosa anterior a la época de las dudas, iniciada hacia la Edad Moderna, no requirió corroboración alguna. Por añadidura, existió siempre la amenaza de un castigo divino contra aquellos que se propusieran profanar la nave sagrada. Desde los días del Imperio Bizantino la población cristiana de Europa y del

Oriente Medio creyó firmemente que el Arca estaba sobre el monte Ararat, y las enseñanzas ulteriores del Islam fortalecieron la creencia en el Diluvio, el Arca y Nuh (Noé), así como de que sólo dios revelaría la presencia del Arca cuando se cumpliese el Día del Juicio Final.

En 1316, Odorico, un monje franciscano que informaría más tarde a la corte papal de Aviñón, vio la montaña y escribió el siguiente relato: «...las gentes del lugar nos contaron que nadie podría escalar jamás aquel monte... pues ello no parecía complacer al Altísimo...» El propio Odorico fue el único entre los comentaristas antiguos y medievales que no pareció impresionarse ante la altura tremenda del amenazador monte. Cuatrocientos años antes de que se hiciera la primera escalada conocida, él escribió así: «...yo lo habría escalado si mis compañeros hubiesen querido asistirme...»

La creencia en la existencia del Arca fue un acto de fe por aquel entonces, y ahora lo sigue siendo a menudo. Algunos religiosos bizantinos hacen referencia al Arca como si ésta fuera una prueba inmutable de la doctrina eclesiástica. Juan Crisóstomo, Patriarca de Constantinopla en el siglo IV, planteó unos interrogantes cuyas respuestas eran, a su juicio, bastante evidentes: «Por consiguiente, preguntemos a quienes no creen: ¿habéis oído hablar del Diluvio, de esa catástrofe universal? Aquello no fue una mera amenaza, ¿verdad? Y si, en realidad, no hubiese ocurrido, ¿se habría llevado a cabo esa formidable obra? ¿Acaso no se conservan los restos del Arca hasta el presente para nuestra admonición?»

De manera similar, el obispo Epifanio de Salamina pregunta: «¿Nos suponéis, seriamente, incapaces de probar nuestra aseveración, máxime cuando se viene exhibiendo los restos del Arca de Noé hasta el presente día en el país de los curdos?»

Esa alusión a los curdos en pleno siglo IV deja entrever que el pueblo curdo se había asentado ya alrededor del monte junto con los armenios en fechas muy tempranas. Desde entonces hasta ahora los ar-

menios han ido abandonando el lugar para concentrarse, en su mayoría, en la República Armenia soviética de la URSS y en diversas comunidades dentro de los Estados Unidos. Los curdos siguen poblando la zona del monte Ararat y desde allí realizan incursiones esporádicas contra los gobiernos locales que administran las regiones del Oriente Medio con poblaciones curdas muy densas.

La leyenda sobre el veto de Dios contra cualquier hombre que intente escalar el monte Ararat ha perdurado hasta unas fechas bastante recientes. El doctor Friedrich Parrot, catedrático alemán de Filosofía natural en la Universidad de Dorpat, Estonia (una parte ínfima de la Rusia imperial), realizó la primera escalada «oficial» a la cumbre en 1829 y dio su nombre al glaciar Parrot que desciende por el monte en dirección noroeste. A propósito de sus compañeros de escalada, rusos y armenios, Parrot hizo el siguiente comentario: «Todos ellos tienen el firme convencimiento de que el Arca permanece hasta el presente día en la cumbre del monte Ararat, y de que para asegurar su preservación se prohíbe la aproximación a ella de todo ser humano.» Poco antes de esa escalada, Parrot había hecho una breve visita al monasterio de Santiago en Ahora, pequeña aldea situada sobre el flanco noroeste del monte, cuyo abad le había mostrado un icono hecho con madera proveniente, presuntamente, del Arca. Pero en 1840, monasterio, monjes y aldea de Ahora desaparecieron durante la última erupción volcánica del monte Ararat dejando un despeñadero abismal allá donde se alzaran antes los edificios.

El doctor Hermann Abich, otro catedrático alemán (Mineralogía) de la Universidad de Dorpat, ascendió al Ararat el año 1845. Su nombre se inmortalizó en los dos glaciares Abich, uno de los cuales desagua, estrepitoso, en el barranco de Ahora, por el nordeste, la cara del monte que mira hacia Rusia. Aunque Abich no buscara, concretamente, el Arca, uno de sus motivos para escalar aquella montaña fue muy curioso y se lo sugirió I. Spassky-Avtonomov, otro de los primeros escaladores. Ambos quisieron comprobar si las estrellas y los planetas eran visibles durante el día desde cumbres extremadamente altas.

Con anterioridad a esas investigaciones «modernas» iniciadas en 1820, hubo numerosos rumores o leyendas sobre ascensos hasta las regiones superiores del Ararat para ver o tocar el Arca. Ahí se narra las visitas de hombres santos al Arca buscando reliquias sagradas, de pastores intentando recobrar los animales extraviados de sus rebaños y de coleccionistas interesados por la madera o la brea del Arca cuando ésta era accesible, según se supone, lo cual quizá fuera posible antes del último seísmo con la consiguiente erupción del monte Ararat en 1840. Esos hechos habían sido considerados, indistintamente, como milagros o proezas excepcionales. Cierta vez un pastor aseguró haber encontrado un gran peñasco en las alturas mientras buscaba algunas ovejas descarriadas. Cuando llegó más cerca del supuesto peñasco, éste resultó ser el flanco de un enorme barco cubierto en parte por hielo y nieve, y del cual él huyó despavorido al temer un severo castigo por su sacrilegio.

Pero, en tiempos pretéritos, los pastores procuraban evitar las alturas extremas por considerarlas lugares de enfermedad y muerte sin comprender que esa indisposición es tan sólo el mal de las montañas ocasionado por la altitud. Ellos identificaban la zona peligrosa con el lugar donde «las ovejas empezaban a morir» y pensaban, comprensiblemente, que habían ascendido ya lo suficiente.

Según la tradición, cierto prelado bizantino intentó escalar hasta el Arca. Fue un monje llamado Jacobo de Medzpin, más tarde obispo de Nisbis y por último santo. Tras una larga serie de plegarias a Dios para que le fuera permitido ver el Arca, Jacobo inició un trabajoso ascenso por la cara oeste del monte Ararat. Exhausto y atormentado por la sed, se echó al suelo para descansar un rato. Cuando despertó, vio atónito que un manantial había surgido, milagrosamente, junto al lugar de su descanso. Ese manantial, llamado más tarde fuente de Jacobo, sigue todavía allí y sirve como hito en la ruta de la montaña.

Poco después, Jacobo reanudó el ascenso pero después de cada descanso se encontró, una vez más, en el lugar de donde partiera transportado hacia abajo, presuntamente, por ángeles. Mas Dios escuchó al fin sus plegarias y dispuso que le visitara un ángel. El ángel dijo a Jacobo que desistiera de su ascenso a la montaña prohibida, y le dio un trozo del Arca. Luego informó a Jacobo que el Arca era territorio vedado al género humano hasta el tiempo en que Dios mismo decidiera revelárselo.

Sir John Chardin, uno de los primeros investigadores del monte Ararat, observó al comentar ese milagro en 1356:

> En vez de tener por milagroso el hecho de que nadie logre alcanzar jamás la cumbre, yo consideraría más bien un gran milagro la posibilidad de que alguien coronara esa cima... Desde su media ladera hasta la cresta, el terreno está cubierto de nieves perpetuas de tal modo que semeja un inmenso macizo de nieve en todas las estaciones.

En 1856 tuvo lugar una escalada británica a la cumbre del monte Ararat por un grupo bajo el mando del comandante Robert Stuart, un veterano de la guerra de Crimea. Durante el ascenso, éste se encontró con que sus guías curdos se detenían a cierta altura «...y rehusaban seguir adelante aduciendo para justificarse una tradición ancestral y el temor de hollar territorio sagrado... además aseguraban que era imposible escalar la montaña y cualquier tentativa de ese tipo recibiría como respuesta inmediata el desagrado palpable de los cielos».

Sin embargo, cuando varios miembros de la partida británica alcanzaron la cima, algunos de los recalcitrantes curdos exclamaron, comentando sobre el comandante Stuart:

—Nosotros pensamos siempre que Alá había hecho esta montaña sagrada inaccesible para el hombre; muchos intentaron escalarla pero ninguno tuvo éxito hasta que vinieron ustedes y sin la menor preparación caminaron directamente desde la base hasta la cima. ¡Alabado sea Alá! Nosotros hemos oído decir cosas muy extrañas de ustedes, pero ahora las hemos visto con nuestros propios ojos.

Al parecer, el comandante escuchó con flema británica ese panegírico y lo registró en una entrada digna de las mejores tradiciones del Imperio: ...y por cierto, ellos empezaron a sentir entonces la fuerza de nuestros argumentos..., en suma, que muchas cosas prohibidas a los curdos son permisibles para los ingleses.

La región nordeste de Turquía es escenario de seísmos frecuentes y lo ha sido siempre a lo largo de la historia. En junio de 1840 un terremoto de violencia singular demolió por completo la ciudad de Arghuri (Ahora) situada en el sector nordeste del Ararat. El movimiento sísmico y la erupción del monte Ararat mataron a todos los habitantes de Ahora y destruyeron asimismo el monasterio armenio de San Jacobo, visitado antaño por Parrot y otros viajeros y afamado por contener, presuntamente, numerosos datos del Arca así como algunos fragmentos de la misma. Aquella catástrofe dejó una garganta profunda en el borde pultáceo del glaciar Negro, llamado así porque lo cubre un polvo negro proveniente de las rocas trituradas. Este despeñadero de caída vertical y de casi 264 metros de profundidad, se llama el barranco de Ahora. En su fondo se acumula el agua resultante del derretimiento estacional de un glaciar que se halla justamente sobre el barranco y tiene 198 metros de espesor.

Sería lógico suponer que si el Arca ha pervivido, verdaderamente, varios milenios sobre el monte, habrá estado expuesta al desastre sísmico anteriormente mencionado o habrá quedado disgregada. Pero los resultados de un seísmo subterráneo, submarino o subglacial son raras veces predecibles, así que el descubrimiento del Arca, realizado por las autoridades turcas, no fue hecho público hasta el verano de 1883 cuando un nuevo terremoto sacudió la montaña y demolió numerosas aldeas.

Cuando los comisarios turcos, incluido un agregado de la Embajada británica en Estambul (entonces Constantinopla) evaluaban los daños y cambios habidos, hallaron casualmente una enorme estructura de madera semejante a un barco. Estaba pintada de marrón, hecha con pesados maderos, algunos de ellos rotos, y su extremo surgía del fondo de un voluminoso glaciar. Los comisarios calcularon que aquel objeto tendría una altura de dieciséis metros y medio y una longitud equivalente a 150 metros, e informaron haber penetrado dentro de la estructura. Consiguieron inspeccionar tres grandes compartimientos pero las secciones restantes estaban repletas de hielo compacto. Después de analizar su situación, los comisarios optaron, prudentemente, por el abandono de la investigación, pues existía la temible posibilidad de que el inmenso glaciar se derrumbase sobre la nave con ellos dentro.

Esa reseña referente al Arca apareció primero en la Prensa de Constantinopla, y poco después en el *Levant Herald* y el rotativo británico *Prophetic Messenger*. Pero, en lugar de despertar interés científico o arqueológico por la leyenda del Arca, suministró a la Prensa americana un tema artificiado para el tipo de reportajes reservados en fechas ulteriores a las historias OVNI. El *New York Herald* reseñó que, tomando en consideración la presencia de un funcionario británico entre los descubridores, la altura de los jaulones a bordo del presunto barco coincidía con las «especificaciones del Almirantazgo británico para el transporte de caballos, y por tanto no daba lugar a dudas». Respecto a la eslora del barco, 150 metros, «una nación que ha pensado seriamente en construir una vía férrea para barcos a través de la América Central, no puede dudar de que es posible poner a flote esa Arca». Y añadió que cuando se consumara esa operación y el Arca alcanzase «aguas americanas..., el Departamento de Marina debería comprarla sin dilación, pues la mayor república del mundo necesitaría tener por lo menos una nave que no se pudriese apenas abandonara los astilleros...».

Un artículo del *Chicago Tribune* informó que varios años antes los habitantes de las comarcas próximas al Ararat habían atisbado la estructura de madera negruzca pero habían temido acercarse a ella «...porque se había descubierto a un espíritu de aspecto siniestro mirando por una de las portillas». La partida oficial, reseñó, había reconocido inmediatamente el Arca «...uno de sus miembros, un inglés, presuntamente buen conocedor de la Biblia, había comprobado que estaba hecha con la antiquísima madera resinosa de las Escrituras...» (una sutileza gratuita puesto que aún no se ha analizado satisfactoriamente esa «madera resinosa»).

Un cronista del *New York World* asignó humorísticamente la nacionalidad rusa a la partida exploradora y luego comparó el hallazgo del Arca con la famosa mentira del gigante de Cardiff. Y agregó: «...el lector no debería sorprenderse si supiera los últimos despachos de nuestro corresponsal, señor Benjamin, que los ingenieros han conseguido perforar el tercer compartimiento del Arca y, animados por el verdadero espíritu de los tiempos, han descubierto el cuaderno de bitácora que llevaban Noé y sus hijos...»

A semejanza de la Prensa actual cuando informa sobre los fenómenos OVNI, no apareció la continuación en ningún periódico y el incidente quedó más o menos olvidado..., si bien el lector tuvo la impresión de que se había perpetrado algo parecido a un camelo.

Fue en ese ambiente negativo cuando tuvo lugar otra serie de incidentes chocantes, sólo cuatro años después de que se informara sobre el descubrimiento hecho tras el seísmo. Esta vez se trató de una memoria presentada ante el Parlamento Mundial de las Religiones, convocado en Chicago el año 1893, por John Joseph, príncipe de Nouri, quien ostentaba entre otros muchos títulos los de Arzobispo y Gran Embajador Apostólico de Malabar, India y Persia. El príncipe Nouri manifestó ante la asamblea que él había alcanzado el Arca durante sus exploraciones, todas ellas realizadas en 1887 para localizar las fuentes del Éufrates. Aseguró haber intentado tres veces escalar el monte Ararat, consiguiéndolo en la tercera tentativa. Describió el Arca como un armazón de 33 metros de altura y 300 metros de longitud, con un extremo roto. Tras la considerable publicidad resultante de sus declaraciones, se propuso organizar una expedición al monte Ararat y conducirla hasta el lugar en donde descansaba el Arca; luego la desarmaría para su mejor transporte y la expondría, una vez montada, en la Feria Mundial de Chicago, abierta por entonces. Con tal fin logró movilizar a un grupo de inversores, pero la empresa se vino abajo antes de comenzar porque las autoridades turcas denegaron el permiso para llevarla a cabo.

La carrera del príncipe Nouri, complicada por añadidura con un atraco del que fue víctima cuando viajaba hacia San Francisco más el consiguiente ingreso en un hospital psiquiátrico, tuvo un final intempestivo a principios del siglo XX, dejando pendientes las verificaciones subsiguientes a su descubrimiento del Arca.

Las dificultades halladas para demostrar la existencia de una nave en la cumbre del Ararat o cerca de ella, se agravaron por la carencia de fotografías y corroboraciones de otros testigos contemporáneos. Ciertos informes sobre visitas individuales al Arca durante el siglo XIX (véase el capítulo VI) no salieron a relucir hasta la segunda década del siglo XX cuando se divulgó un acontecimiento insólito acaecido durante la Primera Guerra Mundial. En nuestros días circulan aún diversas referencias corroborando ese incidente y sus ramificaciones posteriores. Incluso ahora mismo se recibe nueva información de testigos secundarios, si bien el número de tales testimonios decrece año tras año.

CAPÍTULO III

La aviación y el Arca

Una vista aérea del Arca y quizá la más célebre, data, presuntamente, del verano de 1916 durante el deshielo. La tomaron el teniente Roskovitsky y su copiloto mientras volaban con un aparato de reconocimiento perteneciente a las Fuerzas Aéreas de la Rusia imperial. Se le había ordenado realizar algunas pruebas de altitud máxima y también observar los movimientos de tropas turcas durante unos momentos difíciles, cuando los ejércitos rusos eran objeto de una presión intensa en diversos frentes. Su pequeña base aérea estaba situada a unos treinta y siete kilómetros y medio del monte Ararat por el nordeste. Roskovitsky y su copiloto, provistos con máscaras de oxígeno para las grandes alturas, se aproximaron por el nordeste al monte Ararat, lo sobrevolaron en círculo dos veces y, al acercarse más, Roskovitsky avistó una laguna casi congelada en un escalón u hondonada de la ladera, similar a esas concentraciones líquidas glaciales cuyo tamaño aumenta o mengua según el deshielo estacional.

Cuando volaban más bajo, el copiloto señaló algo y Roskovitsky creyó estar viendo algo semejante a un casco medio sumergido de una nave inmensa. A primera vista él pensó que aquello podría ser un submarino, pues su subconsciente atribuyó a los alemanes, maestros en la guerra submarina, la capacidad suficiente para botar un submarino dentro de un lago situado sobre la ladera de una formidable montaña. Entonces observó que lo que él tomara al principio por periscopios, eran dos mástiles cortos, y que el barco, aparentemente escorado, estaba empotrado en el hielo. Asimismo percibió una pasarela horizontal a lo largo de la cubierta del barco.

He aquí las palabras del propio Roskovitsky (en el *New Eden Magazine*, California, 1939): «Descendimos tanto como nos lo permitió la seguridad y lo sobrevolamos en círculo varias veces. Cuando llegamos cerca de él nos sorprendió el inmenso tamaño del objeto, pues era tan largo como una manzana de casas y podía compararse ventajosamente por sus dimensiones con un acorazado moderno. Estaba encallado en el fondo del lago y una cuarta parte se hallaba debajo del agua. Había sido desmantelado parcialmente por una banda cerca de proa y en la otra banda se veía un gran portalón de 6,6 metros cuadrados más o menos. Esto pareció desmedidamente exagerado ya que incluso hoy día los barcos tienen raras veces portalones que midan siquiera la mitad...»

Después de esa inspección algo somera, Roskovitsky regresó a su base e informó sobre lo que había visto al jefe de la misma, un capitán. Éste, comprensiblemente impresionado, le dijo a Roskovitsky que le condujera hasta el lugar de los hechos, y una vez allí le contó, después de inspeccionarlo, que había sobrevolado el Arca de Noé, explicando su asombrosa conservación con la hipótesis de que «el arca estaría congelada durante nueve o diez meses del año, lo que la impediría pudrirse. Así pudo haberse mantenido durante todo este tiempo como si estuviese en una cámara frigorífica...»

El capitán envió el consiguiente informe a San Petersburgo, y como respuesta el zar ordenó que se despachara dos compañías de ingenieros a lo alto de la montaña. Un grupo de cincuenta hombres atacó por una ladera, y otro grupo de cien hombres asaltó la inmensa montaña por el lado opuesto. Se requirió dos semanas de trabajo esforzado para abrir un sendero entre los peñascos de la parte inferior del monte y transcurrió casi un mes antes de que se pudiera alcanzar el Arca.

El hecho de que el Gobierno imperial destacara tropas especializadas, por orden del zar, para escalar el monte Ararat justamente cuando se necesitaba de todo el personal disponible, sugiere la posibilidad de una operación psicológica para dar aliento espiritual al Ejército y al pueblo ruso como si se dejara entrever cierta protección divina en los días tenebrosos anteriores a la Revolución de febrero (o marzo, según el nuevo calendario) que derrocaría al zar. (Con alguna antelación, los alemanes habían ensayado también ciertas operaciones de tipo religioso-psicológico, incluyendo unas potentes linternas mágicas aéreas que proyectaban, en bancos de nubes estacionados sobre las líneas alemanas, imágenes de la Sagrada Familia y de santos rusos que parecían cernerse protectores sobre las trincheras germanas.)

Se tomaron medidas completas así como muchas fotografías y se trazaron planos, todo lo cual fue remitido al zar. El artículo de la revista continuó en los siguientes términos:

> Se encontró que el Arca contenía centenares de pequeñas cámaras y algunas salas muy espaciosas con techos altos. Estas salas de tamaño desusado estaban divididas por una valla de grandes tablones, algunos de los cuales medían 0,66 metros de espesor como si se los hubiese destinado para encerrar bestias diez veces mayores que un elefante. Otras salas contenían hileras de jaulas, algo parecido a lo que vemos hoy día en una granja avícola con la única diferencia de que aquéllas tenían pequeños barrotes de hierro en lugar de la tela metálica para guardar aves.

Al mencionar esas «bestias diez veces mayores que un elefante» (¿dinosaurios dentro del Arca?), el escritor del artículo parece propenso a destruir toda su credibilidad. Por otra parte, si la historia de Roskovitsky, escrita mucho después del acontecimiento, es un compendio de testigos muy varios –pilo-

tos, soldados, ingenieros, etcétera–, resulta comprensible que haya exageraciones.

Todo estaba pintado a conciencia con una pintura de consistencia cerosa parecida a la goma laca, y la artesanía de la embarcación denotaba por doquier una civilización de alto nivel. La madera empleada con carácter exclusivo era el oleandro, que pertenece a la familia del ciprés y jamás se pudre; lo cual, combinado con el hecho de su congelación casi ininterrumpida, explica, por supuesto, su perfecta conservación.

Lo anteriormente mencionado parece tan próximo a la descripción bíblica que André Parrot (véase Bibliografía), un escritor francés sobre el Arca y el Diluvio, desestimó el relato entero de Roskovitsky con estas palabras: «...es muy deplorable que ninguna persona competente haya visto este informe, extraviado durante la revolución bolchevique de 1917. Todo cuanto tenemos es la historia de Roskovitsky, y lo más que puede decirse de ella es que, si se la despoja de las reminiscencias del Génesis, apenas queda algo digno de mención... Lo cual no fue óbice para que varios periódicos americanos proclamaran la sensacional noticia. No obstante, los organismos especializados le depararon el destino que merecía: un silencio absoluto.»

...La expedición encontró en los picos del monte, por encima de la nave, las cuadernas que faltaban en una banda del barco. Al parecer, se había llevado esa madera hasta el pico más alto para construir allí un minúsculo santuario...

Esa mención del santuario es una particularidad especialmente intrigante de la reseña Roskovitsky, pues parece explicar por qué se han encontrado varios maderos en distintos puntos de los niveles más altos del monte a miles de metros sobre la zona arbolada. Si durante los muchos milenios que la nave ha permanecido en el monte la hubiesen visitado diversos peregrinos cuando los restos eran más visibles y accesibles, habría sido probable que algunos de ellos intentaran construir un santuario en la cumbre o cerca de ella aprovechando la madera del Arca, quizá para conmemorar el altar tradicional construido por Noé después del Diluvio.

El informe publicado de Roskovitsky concluye de forma más bien abrupta haciendo constar tan sólo que los oficiales investigadores despacharon por correo fotografías y datos hacia Petrogrado a la atención personal del zar. Mas, aparentemente, Nicolás II no los recibió jamás, pues hubo una interrupción total de las comunicaciones tras las revoluciones de febrero y octubre de 1917.

Los resultados de la investigación no han sido nunca hallados ni divulgados. Corre el rumor de que dichos resultados junto con las fotografías del Arca fueron a parar a manos de León Trotsky, quien tal vez los destruyera o bien los enterrase en algún archivo destinado a guardar, permanentemente, el secreto. Según ese mismo rumor, se aseguró con análoga permanencia el silencio del correo especial encargado del asunto, mediante su ejecución.

El informe de Roskovitsky concluye con la escueta declaración de que él y unos cuantos pilotos escaparon de los bolcheviques, vía Armenia, y a su debido tiempo consiguieron entrar en América.

Sin embargo, un enigma y también un escollo infranqueable para la aceptación del mencionado informe tantas veces publicado, reside en la identidad de Roskovitsky: ningún superviviente del Ejército imperial ni de las Fuerzas Aéreas en el área del Ararat, por aquellas fechas, recuerda a un teniente llamado Roskovitsky. Esto parece denotar que el hombre no existió jamás o que, cuando él escribió su artículo periodístico, y aunque hubiesen transcurrido ya veintidós años desde su descubrimiento del Arca, se mostrara reacio a emplear su verdadero nombre por razones de seguridad personal... incluso en América.

No obstante, ha habido considerables remembranzas entre individuos supervivientes del Ejército ruso que protagonizaron diversas operaciones militares durante aquel período y en aquel escenario bélico. Eryl Cummings, relevante investigador de la leyenda del Arca durante cuarenta años largos y acreditado veterano con sus veinticinco ascensiones al monte Ararat, logró establecer contacto con el coronel Alexander Koor, autor de un artículo sobre el repetido incidente, publicado por *Rossiya*, una revista rusa de ultramar, el año 1945 en Nueva York. El coronel Koor había mandado el Regimiento Petropavlosky, destacado cerca del monte Ararat durante el bienio 1915-1916, con la misión de defender el desfiladero de Aratsky durante los días en que las fuerzas turcas habían abierto brecha en las líneas rusas. Pues bien, el coronel Koor recordó haber oído hablar sobre el famoso hallazgo del Arca y facilitó la información pertinente en una entrevista legalizada con el investigador del Arca, Eryl Cummings.

El coronel Koor manifestó que, a su juicio, el piloto que había avistado el Arca era el primer teniente Zabolotsky, y que el nombre del capitán, no citado en el artículo original, era Kurbatov. Según el coronel Koor, Zabolotsky avistó el Arca e inició la investigación. En 1921, Koor habló con el teniente Piotr Leslin, quien le aseguró haber oído mencionar el descubrimiento, «no como rumor, sino como noticia», al primer ayudante de su división, y que, según éste, «el Arca se hallaba en el paso formado por los dos picos del Ararat».

Asimismo, Koor se procuró información sobre la última visita al Arca por el batallón de ingenieros, información que él recibió de Boris Rujansky, un amigo de la familia que en

1916-1917 había sido sargento del batallón de Ferrocarriles militares, acantonado por entonces cerca de Dogubayazit, localidad a unos cuantos kilómetros del monte Ararat por la que pasaba la vía férrea. El sargento Rujansky, que, por cierto, había participado en la investigación, corroboró la subida del batallón hasta la cumbre del monte Ararat.

La crónica de Koor fue más completa que el artículo de Roskovitsky, pues especificó que una de las dos expediciones investigadoras había escalado el Ararat siguiendo una senda ya existente. Según parece, sus miembros descubrieron en cierto punto que la ascensión les había conducido hasta un paraje desde donde se podía ver, mirando hacia abajo, la inmensa nave con un extremo del casco hundido en el agua. La otra unidad, que llegó antes allí, no siguió un sendero, sino que fue cortando escalones en el hielo a medida que trepaba. Cuando esta unidad alcanzó la nave, algunos soldados se santiguaron, otros se hincaron de rodillas y rezaron antes de entrar allí. Según el artículo de Koor, dentro del Arca había numerosos tabiques divisorios... y, al parecer, marcas de herrumbre en el piso ocasionadas, presuntamente, por los oxidados barrotes de hierro de numerosos compartimientos pequeños y algunos muy grandes.

Pese a las persistentes gestiones de Eryl Cummings, del doctor John Montgomery *(The Quest for Noah's Ark)* y de otros interesados, los informes oficiales y las fotografías a que se hace referencia en diversas versiones sobre el descubrimiento del Arca el año 1916, están todavía por salir a la luz pública. Ahora bien, hay numerosas entrevistas y declaraciones, incluyendo los testimonios, hechos por separado, de varios soldados rusos que recuerdan haber visto durante unas maniobras realizadas alrededor del monte Ararat, en el verano de 1917, una estructura de madera con forma de barco a varios centenares de metros sobre sus cabezas. Esos soldados observaron que un extremo del objeto se hallaba hundido en la nieve y el hielo de la montaña.

El autor tiene recuerdos personales de conversaciones mantenidas con oficiales rusos refugiados en París hacia mediados de la década 1920-1930 que habían abandonado el Cáucaso junto con refugiados procedentes de los ejércitos del general Denikin, uno de los últimos que hicieron frente a los comunistas hasta que, perdida toda esperanza, fue preciso replegarse por la frontera y escapar. Varios de esos oficiales habían servido en Turquía y recordaban todavía haber oído un informe sobre el hallazgo del Arca en el monte Ararat. Aquella historia fue transmitida a través de los ejércitos en el frente meridional, pero quedó eclipsada por la caída de la dinastía y la disgregación de los ejércitos imperiales.

Otra leyenda insólita fue muy popular entre los oficiales rusos y sus familias. Se dijo que varios miembros de la familia imperial habían escapado a la matanza de Ekaterinburgo en 1918 y habían sido puestos a salvo en otros países.

Esta especie de leyenda se ha repetido varias veces en la tormentosa historia de la Rusia imperial. La historia de Rusia ha presenciado el paso de diversos pretendientes a la Corona, zares «falsos» o herederos del trono «falsos» cuya reputada identidad quedaba resuelta, normalmente, mediante su derrota y ejecución. Era natural por demás que tales leyendas de la familia imperial subsistieran, de tal modo que ciertos supervivientes, así como el zarevich, habían constituido el tema de diversos libros publicados en Gran Bretaña y los Estados Unidos. El supuesto zarevich, llamado como el hijo del último zar, Alexei Nikolaievich Romanov, considerado así por diversas personas y convencido él mismo de su identidad, vivió en Phoenix, Arizona, hasta mayo de 1986, fecha de su muerte. El autor consiguió localizarle gracias a la ayuda de Violet Cummings, autora de varios libros sobre el Arca (véase Bibliografía) y esposa de Eryl Cummings; le guió el propósito de comprobar cualquier recuerdo que pudiera tener Alexei Romanov sobre la expedición al Arca dispuesta por el zar.

El siguiente extracto corresponde a la primera conversación telefónica entre el autor y Alexei Nikolaievich Romanov. Conviene hacer constar que el señor Romanov tenía la misma edad que habría tenido el zarevich si hubiese sobrevivido, y no gozaba de buena salud por las fechas de esa entrevista.

Pregunta: *¿Recuerda usted haber oído mencionar el hallazgo del Arca de Noé en el monte Ararat el año 1916?*

Sí, recuerdo haber oído hablar sobre ese descubrimiento. Unos aviadores habían avistado un barco cerca de la cumbre de esa montaña.

¿Quién habló de ello?

Se lo oí decir a mi padre, y en palacio varias personas hablaban sobre ello.

¿Recuerda haber oído decir a su padre, el emperador, que había enviado una expedición al lugar en donde se encontró el Arca?

Sí, algo por el estilo. Mi padre consultó con la Duma y, según creo, la Duma tomó esa decisión. El hecho había sido informado por oficiales del Ejército. Por aquel entonces el Ejército estaba en Turquía. Recuerdo haber oído decir a mi padre que se enviaba una expedición.

¿Pertenecía esa fuerza al Ejército ruso en el Cáucaso bajo el mando del Gran Duque Nicolás Nikolaievich?

(Con entusiasmo): ¡Ése era mi tío! ¿Sabe usted que medía más de dos metros de altura? Él solía llevarme a cuestas. Yo le veía con frecuencia en Tsarkoye-Selo. Eso está al norte de Petrogrado. Yo estaba muy enfermo...

Comentario: *Se ofrece esta rememoración sólo como posible corroboración de la expedición al Arca por alguien que se ve a sí mismo como hijo del último emperador de Rusia y tal vez lo haya sido, o quizás un familiar. Otras reminiscencias de individuos que frecuentaron la Corte imperial en Petrogrado son declaraciones similares sobre lo que ellos recordaban haber oído discutir.*

También hay recuerdos análogos entre los curdos y los turcos. Mustafá, un antiguo vaquero ahora residente en Dogubayazit y cuyas actividades actuales se limitan a visitar la mezquita y el salón de té, cuenta hoy día ochenta y cinco años. Se le entrevistó en agosto de 1985 para verificar si él había oído hablar sobre una expedición rusa para buscar el Arca.

Mustafá dijo:

Sí, recuerdo muy bien una cosa. Mi padre trabajaba en la vía férrea que los rusos estaban reparando.

¿Qué gente trabajaba en esas cuadrillas?

Las cuadrillas estaban compuestas de rusos, así como turcos y curdos.

¿Oyeron algo esas cuadrillas acerca de la expedición rusa?

¡Por Alá! Hubo un día en que se enteró todo el mundo. Fue una tarde hacia fines de verano. ¡Oímos un gran estruendo de disparos y hurras en las líneas rusas! Nosotros, los habitantes de la aldea, pensamos que sería una batalla, pues los rusos gritan siempre ¡hurra! cuando atacan. Entonces llegó corriendo mi padre. Recuerdo que era demasiado temprano para su regreso a casa. Según nos dijo, no se trataba de una batalla sino de alguna celebración, pues los rusos estaban bebiendo vodka y disparando sus fusiles y revólveres e incluso una ametralladora.

¿Y sabía él lo ocurrido?

Nos dijo que el jefe de la cuadrilla había comunicado lo siguiente a los trabajadores:

—¿No sabéis lo que ha pasado en la montaña? ¡Han encontrado el Arca! ¡Lo ha conseguido el equipo que enviara el propio zar! ¡Es una jornada de gran júbilo para los rusos!

¿Se sorprendió usted?

Todo ocurre como lo quiere Alá. Nosotros hemos sabido siempre que el Arca estaba en Agri Dagh, pero no creímos que los rusos la encontrarían.

¿En qué parte de la montaña oyó usted que la habían encontrado?

Cerca del lago Küp. Pero los rusos se retiraron poco después. El Arca debe seguir allí.

El relato de Roskovitsky y las declaraciones que lo corroboran mediante fuentes diversas han sido desestimados, comprensiblemente, por carecer de pruebas esenciales tales como fotografías, informes oficiales y testimonios legalizados. Es inútil que los defensores de tales manifestaciones aduzcan que la desaparición de datos y fotografías debiera ser interpretada como un desenlace natural tras la siguiente revolución y guerra civil en Rusia. Otro factor influyente sería el cambio habido en el talante religioso del pueblo ruso, pues Rusia pasó de ser el imperio más religioso del mundo a una unión de repúblicas oficialmente antirreligiosas. Una situación semejante dificulta cualquier investigación de naturaleza religiosa o incluso cualquier investigación de carácter arqueológico si está relacionada con la religión. Las exploraciones americanas al monte Ararat en busca del Arca y los vuelos de aviones americanos por los alrededores del Ararat, suscitan recelos y a menudo protestas en el lado soviético de la frontera, donde se tiene la impresión evidente de que los exploradores americanos encubren con esa búsqueda sus actividades de espionaje.

Pero el informe Roskovitsky, tanto si es verídico como falso o parcialmente verosímil, ha generado por sí solo la fuente informativa más concreta a lo largo de los siglos para reconsiderar la leyenda del Arca. Importa mencionar el hecho de que fue sólo *después* de 1916-1917 cuando se dio publicidad a diversas averiguaciones sobre el Arca realizadas con anterioridad a 1916. Entre ellas figuraron numerosas visitas personales al Arca, el rescate de tablones y maderos hallados a gran altitud donde no había arboleda, e incluso confesiones de moribundos, una persona que había temido divulgar sus experiencias y otras que habían intentado desacreditar la existencia del Arca después de haberla visto con sus propios ojos (capítulo VI).

Muchas de las expediciones posteriores al Ararat han sido promovidas e inspiradas por otras vistas desde el aire durante el período de entre guerras así como durante la Segunda Guerra Mundial y después de ella. Que se sepa hasta ahora, ninguno de esos reconocimientos aéreos con aviones militares, helicópteros, satélites o lanzadoras espaciales ha tenido por objeto buscar el Arca, pero en algunos casos se la ha avistado de forma fortuita o ha aparecido en tal o cual fotografía una silueta con forma de nave. Varias fotografías hechas desde el aire o desde el ámbito espacial muestran, notoriamente, una enorme nave encallada en la ladera del monte pero hasta ahora no se ha facilitado al público ninguna fotografía concreta o identificable de un barco de madera en el monte Ararat.

Durante las operaciones de avituallamiento militar entre los Estados Unidos y la URSS durante la Segunda Guerra Mundial hubo una circulación aérea muy considerable entre la principal base estadounidense en Túnez y la base rusa de Erivan en la República socialista de Armenia. Fue durante el año 1943 cuando dos pilotos americanos volando cerca del monte Ararat creyeron ver algo parecido a un gran barco a varios miles de metros debajo de ellos. Cuando siguieron otra vez la ruta de su primer vuelo se hicieron acompañar por un fotógrafo de las Fuerzas Aéreas quien tomó fotografías del objeto y, seguidamente, las publicó, según numerosos testigos, en la portada de la edición mediterránea de *Stars and Stripes*, el periódico de las Fuerzas Armadas estadounidenses. Esa foto de *Stars and Stripes* es tan sólo una más entre las, presuntamente, innumerables fotografías tomadas del Arca durante la Segunda Guerra Mundial por aviadores estadounidenses, australianos y, sobre todo, rusos. Numerosas personas recuerdan haberlas visto, pero esas fotografías comparten una faceta común: no se pueden reproducir. Es notorio que varios pilotos rusos han enseñado a los aviadores americanos fotografías de una gran embarcación sobre un gran monte cubierto de hielo, aprovechando el período del puente aéreo de municionamiento desde el sur, y les han asegurado que eran fotografías del Arca. Pero los pilotos rusos se negaron a desprenderse de esas fotografías, una negativa comprensible si se considera la activa política antirreligiosa del régimen soviético. Asimismo, las fotografías tomadas por los pilotos americanos parecen haberse desvanecido, incluso aquélla publicada por el *Stars and Stripes* y extraviada entre los viejos archivos de las ediciones mediterráneas del año 1943. Aparte de eso, podría ser que la fotografía *Stars and Stripes* fuese la imagen de una formación rocosa volcánica, no en el monte Ararat sino casi treinta kilómetros más allá, que, aunque parezca sorprendente, tiene la forma aproximada y las dimensiones del Arca de la leyenda (véase el capítulo IV).

En el verano de 1960 o hacia finales de la primavera, diversos pilotos americanos divisaron una estructura semejante a un barco sobresaliendo por un lado del Ararat. Esos pilotos, pertenecientes al 428.° Escuadrón táctico de Vuelo, tenían su base en Adana, Turquía, bajo el Pacto de ayuda militar con la OTAN, en vigor por aquellas fechas. Los pilotos habían sabido lo del Arca por el piloto turco de enlace asignado a su unidad, y en distintas ocasiones les había guiado sobre el monte Ararat envuelos rutinarios de observación. Pero esos pilotos no tuvieron tiempo de hacer fotografías útiles porque viraban demasido aprisa alrededor del monte para no atraer la atención de los observadores rusos apostados en el lado soviético de la frontera.

El capitán (entonces subteniente) Gregor Schwinghammer, hoy piloto comercial, fue entrevistado por el autor en 1981 respecto a un objeto con apariencia de embarcación que él había visto sobre el monte Ararat tal como se describe en *Doomsday, 1999 D.A.* Él manifestó que cierta vez el oficial turco de enlace le había acompañado, junto con otro piloto, en un recorrido alrededor del monte Ararat siguiendo la dirección contraria a las agujas del reloj, y durante el mismo había visto «una enorme gabarra o barcaza bien visible en un barranco a gran altura de la montaña». El capitán especificó que aquello parecía haber encallado, e indicó que no parecía estacionario sino movible y por una razón u otra había sido apresado cuando se deslizaba montaña abajo. Recordó haber oído comentar más tarde en el casino de la base que se habían tomado algunas fotografías de aquel objeto y, según se decía, las habían hecho los pilotos U-2 con anterioridad al programa U-2, cuando Gary Powers fuera abatido sobre la URSS y capturado por la defensa aérea soviética.

El autor, una vez hubo regresado de su propio viaje de exploración por el área del Ararat en agosto de 1985, entrevistó otra vez al capitán Schwinghammer y a otros ex pilotos del 428.° Escuadrón táctico de Vuelo para verificar si algunos de sus recuerdos sobre la nave atrapada por el hielo en el Ararat coincidían con otras observaciones posteriores.

Pregunta: *¿Cuál fue la opinión de los otros pilotos sobre lo que habían visto ustedes?*

Nosotros solíamos charlar sobre ello en el bar después de los vuelos. Algunos pilotos creían que aquello era el

Arca y otros no sabían qué pensar. Yo no estaba convencido al respecto pero sí seguro de haber visto una gran estructura rectangular análoga a una barcaza o nave en lo alto de la montaña.

¿A qué distancia del objeto estaban ustedes cuando lo vieron?

Estábamos descendiendo desde 1.650 metros. Creo que estaríamos a unos 660 metros cuando lo avistamos. Recuerdo que llevábamos una velocidad de 380 nudos. El piloto turco de enlace nos dijo:

–¡Mirad! Ahí es donde se supone que está el Arca de Noé. ¡Ahora podéis verlo bien!

Yo calculo que lo vi a un ángulo de 45°. Pareció estar colgado cuesta abajo a 45° ó 30°.

¿Tomaron alguna fotografía del lugar?

No. Teníamos demasiada prisa. Nos quedaban dos horas de combustible; y tardamos cuarenta y cinco minutos en llegar allí con el F-100. Tuvimos el tiempo justo para hacer una pasada alrededor de la montaña y regresar. Fue preciso proceder con mucha cautela. Los rusos tenían una estación de radar en la misma frontera. Poco tiempo antes habían abatido un C-130. Su piloto era un muchacho llamado Dick Skiddip.

¿Puede decir usted de memoria en qué parte de la montaña se hallaba el objeto?

Se lo puedo localizar de forma aproximada con el mapa. El punto en donde yo sitúo el Arca que vimos estaba a unos 1.300 metros de la cumbre sobre la ladera sudeste, quizás a las cuatro en punto apuntando al norte.

¿Cree usted que hoy será todavía visible?

Pienso que estará cubierta de hielo y nieve casi todo el tiempo y que nosotros la vimos cuando sobresalía, en parte, de la nieve. Sé que vi una estructura rectangular semejante a un barco. Fue un momento del tiempo o de la historia y nosotros estuvimos allí en ese momento.

Otros pilotos del escuadrón recuerdan haber participado en los vuelos sobre el Ararat o haber oído decir que otros pilotos habían visto un objeto parecido a un barco sobre la montaña.

El teniente coronel Ben Bowthorp (entonces teniente), declaró lo siguiente:

Por aquellas fechas yo era comandante suplente de la Base. Greg (Schwinghammer) estaba también allí. Un piloto turco nos dijo que el Arca estaba en la ladera de la montaña. A mí me pareció lógico. Hicimos unos cuantos vuelos alrededor del área mirando castillos y ruinas, y luego en el Ararat vi algo diferente. El objeto se hallaba a unos dos tercios del camino hacia la cima, era de madera y semejaba una embarcación o una pared de madera con forma de nave. No sé quién fue el primero en decir que era el Arca de Noé. Todos nosotros lo discutimos a conciencia. La mayoría pensó que podría serlo, pues ahí es donde se supone que debe estar.

Capitán Lloyd Hawkins:

Yo era ayudante del comandante del escuadrón, y oí mencionar el incidente justamente cuando tuvo lugar. Por aquellos días el caso no me inspiró demasiada fe, pero recuerdo haber oído decir que algunos pilotos habían visto algo insólito en la montaña.

Coronel Robert Philips (entonces teniente):

> Yo alternaba con otro escuadrón en Adana. Hablando con gente en el bar oí cierto rumor sobre unos pilotos que habían visto una silueta parecida a un gran barco o barcaza en la montaña. Yo no tuve la oportunidad de verlo porque se nos dio orden de mantenerse a distancia del Ararat..., habida cuenta de lo ocurrido con el U-2.

Coronel J. L. Pennington (entonces teniente):

> Nosotros solíamos hacer excursiones de vez en cuando y algunas veces íbamos a la caza del jabalí. Recuerdo que ciertos pilotos del escuadrón dijeron haber visto el Arca de Noé. Pero, ¡hace tanto tiempo de eso...!

Coronel Bradley Tellshaw (entonces subteniente):

> Yo participé en uno de los vuelos por aquella zona. Recuerdo haber visto algo..., una silueta inusual en un monte, pero no estuve seguro de lo que era aquello.

Las personas que creen haber visto el Arca han hecho algún bosquejo ocasional o dado orientaciones a un dibujante para reproducir lo que habían visto. Se dio una coincidencia poco común cuando William Crouse, explorador del Ararat y ex ministro de Investigación, envió al capitán Schwinghammer un folleto titulado *The Search for Noah's Ark* (J. Bitzer, Ministerio de Investigación, 1985) en donde se describía la búsqueda por el Ararat y las dificultades existentes el año 1985. El folleto contenía un boceto del Arca hecho por Elfred Lee, veterano explorador del Ararat, bajo la dirección de un testigo ocular. Este testigo, un antiguo pastor armenio llamado George Hagopian, aseguró haber escalado hasta el Arca en 1905, a la edad de diez años, y haberla visto en otras ocasiones. Hagopian afirmó incluso haber caminado por el techo de la gigantesca nave.

Schwinghammer, que no había visto jamás el dibujo «dictado» a Lee, había pedido con anterioridad a uno de sus conocidos que bosquejara lo que él mismo había visto. Ambas imágenes fueron, esencialmente, la misma: el Arca embarrancada en la nieve, como un afloramiento de la montaña, e incluso la forma de la barcaza o barco, exceptuando las aberturas a lo largo de la estructura superior, visibles desde tierra pero demasiado pequeñas para distinguirlas también desde una aeronave. El piloto y el pastor habían visto y descrito, sin tener la menor relación entre sí, la misma embarcación apresada entre los hielos durante una época, evidentemente, en que parte de ella era visible porque sobresalía del hielo.

Aunque nos intrigue el hecho de que unos observadores hayan bosquejado por separado imágenes análogas del Arca, la carencia de fotografías más la circunstancia de que esas fotografías hayan desaparecido a renglón seguido, representan una decepción habitual para los investigadores de la gran nave.

Algunas de esas misteriosas desapariciones dieron un tinte «James Bond» a la investigación del Arca. En 1952, un ingeniero petrolífero llamado George Jefferson Greene voló sobre el monte Ararat como pasajero en un helicóptero de reconocimiento por cuenta de una compañía petrolífera. Greene distinguió lo que parecía ser la gran proa de una nave surgiendo del hielo. Esto fue en la ladera nordeste del monte, donde se avistara tantas veces el objeto. Por orden de Greene el piloto hizo maniobrar el helicóptero hasta situarlo a unos 33 metros del objetivo; durante ese tiempo, Greene, muy agitado, gastó todo un carrete de película con la insólita aparición. Cuando reveló las fotografías vio que representaban una forma similar a una nave encallada en un barranco entre una alta pared rocosa y un precipicio, y profundizando dentro de la nieve o del glaciar situado detrás de ella. En otras palabras, fundamentalmente la descripción y la situación similar a las facilitadas por otros observadores. Al parecer, esas fotografías habían sido tomadas a la distancia suficiente para mostrar las planchas laminadas del casco.

Greene hizo varias copias y las mostró entre sus conocidos con el deseo de obtener respaldo para su propia expedición al Ararat. Según Eryl Cummings, investigador del Arca, Greene no tuvo éxito en sus gestiones, y la expedición no se efectuó.

Más tarde, Greene fue a la Guayana británica para trabajar con una compañía minera. Allí fue asesinado en 1962; presuntamente se trató de un robo. No se pudo recuperar jamás sus efectos personales entre los cuales figuraban las detalladas fotografías del Arca. Aunque Cummings estableciera contacto con diversas personas que decían haber visto las fotografías de Greene, no se pudo localizar ninguna de ellas ni sus copias.

Ruta del teniente Schwinghammer alrededor del Ararat con un avión F-100; se muestra la ladera próxima al barranco de Ahora donde él avistó una formación semejante a una nave. Dibujo © 1986, Ahmet Ali Arslan.

Con el empleo de satélites y lanzaderas espaciales y su minuciosa inspección de casi toda la superficie terrestre, cabía esperar que algunas fotografías del monte Ararat revelarían información precisa sobre la presencia del Arca, especialmente en los puntos desde donde los observadores aseguraban haberla visto. Una fotografía tomada desde el espacio por el *Earth Research Technical Satellite* (ERTS) reveló, después de una ampliación monumental, una faceta inusual en la ladera del monte a una altitud de 4.260 metros. La fotografía ERTS fue analizada por el senador Frank E. Moss, presidente del comité senatorial para Ciencias aeronáuticas y espaciales, durante un discurso pronunciado ante la sección Utah del Congreso americano sobre Topografía y Cartografía. Afirmó que el insólito objeto en un pliegue de la montaña «tenía más o menos el tamaño y la forma del Arca». La sección fotografiada del monte fue tomada a una altitud de 675/750 kilómetros, y la zona es similar al tipo de barranco en la ladera donde el Arca o, si se quiere, una construcción insólita fuera avistada por los pilotos. Pero cualquier objeto visto desde esa altura, y por añadidura casi oculto bajo la nieve o en la sombra de un barranco, sería de identificación imposible o poco menos aunque se hiciese una ampliación extrema.

Sin embargo, hay un hecho cierto. Ese objeto puede ser cualquier cosa menos una ilusión óptica, que puede ser engañosa para unos ojos fatigados pero no para las cámaras de alta precisión. Una futura inspección aérea del monte Ararat, particularmente durante el deshielo a fines de verano y, preferiblemente, con helicópteros, podría revelar la nave oculta en la región superior del monte donde bastantes personas aseguran haberla visto de cerca e incluso tocado.

Mientras se hace sentir la falta de fotografías claras o asequibles del Arca en el monte Ararat, existen ya numerosas fotografías de una supuesta arca a 30 kilómetros del monte Ararat, en otra pequeña cordillera. Esta presunta arca «alternativa» tiene una semejanza sorprendente con la descripción bíblica del Arca y, a diferencia del Arca en Ararat, se la puede visitar y fotografiar (siempre que se tenga un permiso de las autoridades locales) mediante el método relativamente expeditivo de tomar un taxi desde Dogubayazit hasta su ubicación en la cordillera de Akyayla. Es bien conocida desde su descubrimiento en 1959, sobre todo después del furor desencadenado por la Prensa y la Televisión estos dos últimos años. Se ha teorizado sobre esa arca alternativa sugiriendo que tal vez se haya fosilizado hasta fusionarse con el terreno o bien haya quedado enterrada bajo las sucesivas capas de barro. Para diferenciarla de la posible Arca en el monte Ararat, se la podría denominar la barca o arca «sepultada» junto a las montañas de Tendürek, tema del siguiente capítulo.

CAPÍTULO IV

¿Cráter volcánico o tumba del Arca?

Aquellos que pertenecen a los «Pueblos del Libro» (judíos, cristianos y musulmanes) han sido adoctrinados desde la infancia para aceptar la leyenda del Arca. Esta leyenda, si la catalogamos así, es más creíble que algunos otros episodios del Antiguo Testamento tales como Jonás y la ballena, o la serpiente en el Jardín del Edén o las edades extremas de los primeros patriarcas de la tierra. Pues las montañas de Ararat siguen todavía allí y durante muchos milenios la gente ha oído hablar sobre el Arca de Noé. Por consiguiente, casi todas las facetas inusitadas del monte tienen muchas probabilidades de que los observadores las asocien al Arca desde el aire, la llanura o las colinas circundantes. Tales observadores están condicionados para creer en esa realidad, aun cuando ellos mismos no la adviertan.

Cierto descubrimiento hecho en 1959 fue el resultado de un reconocimiento aéreo rutinario llevado a cabo por las Fuerzas Aéreas turcas cerca del Ararat. Las fotografías tomadas por el piloto, teniente A. Kurtis, a 3.300 metros de altitud fueron examinadas en el Cuartel General por el capitán asignado a la interpretación de fotos. Una de ellas, particularmente, llamó su atención: era única porque mostraba una larga colina ovalada de contorno suave en un área caracterizada por sus quebradas y barrancos. Esa forma similar a una colina pareció tener como límites una cadena de crestas. La fotografía fue hecha a unos veinticinco kilómetros y medio del monte Ararat por el sur.

¡Ararat! exclamó; mientras la contemplaba ensimismado, el capitán se dio cuenta de que la colina ovalada tenía forma de barco. Sus costados elevados semejaban las bordas de una embarcación y su proa apuntaba hacia los picos de Tendürek. Cuando el capitán se preguntaba cuáles serían las dimensiones de tan extraña forma, recordó las proverbiales instrucciones de Dios a Noé: «Hazla así: 150 metros de largo, 25 de ancho y 15 de alto.»

Las dimensiones de la insólita colina, medidas por ingenieros turcos durante un reconocimiento de dos días, mostraron que el «Arca» tenía ciento sesenta y cinco metros de longitud, y 49,5 metros de ancho mientras que las bordas medían 14,8 metros de altura. Cabría decir que, a grandes rasgos, concordaban con las medidas bíblicas del Arca, si consideramos que las bandas del Arca pudieron haberse disgregado a lo largo de los muchos siglos transcurridos mientras que las resistentes tablas del casco conservaron su forma y, además retendrían barrizales, piedras, depósitos de lava y seguirían preservando sus contornos, claramente delineados contra el áspero terreno en torno suyo. Incluso la altura podría haber aumentado por una banda al acumularse el fango junto con piedras y solidificarse contra las paredes del «barco» en un área conocida por sus corrimientos de tierra, corrientes de lava y actividad sísmica. Pero ¿dónde estaba el Arca? El primer equipo turco no encontró ni rastro de una construcción. Si el Arca estuviese allí, se hallaría enterrada debajo de su armazón el cual le serviría como tumba.

Una expedición integrada por científicos e investigadores estadounidenses bajo la égida de oficiales turcos y, por tanto, una expedición turca examinó el «Arca colina» a principios del verano de 1960. Entre sus miembros figuraron el profesor Arthur Brandenberger, un especialista fotogramétrico del Ohio State College; un arqueólogo del Chicago Oriental Institute; René Noorbergen, corresponsal internacional y escritor; los hombres de negocios Hal Thompson y William Bishop; George Vanderman, explorador e investigador del Arca y jefe de la expedición;

los oficiales turcos comandante Maykal y capitán Durupinar, el especialista en interpretación de fotografías aéreas, quien había advertido el fenómeno desde un principio, así como oficiales y soldados seleccionados pertenecientes al Regimiento de caballería N.º 3 del ejército turco. El hecho de que unos hombres de negocios o, simplemente, creyentes en la existencia del Arca, respaldaran la expedición ha sido una constante en muchas expediciones posteriores al monte.

En ese sentido, la búsqueda del Arca y la de otros tesoros pertenecen a categorías diferentes. Aquí no hay oro ni riquezas a encontrar y repartir como es el caso de los galeones españoles llenos de tesoros hundidos, las ciudades perdidas en la selva, los tesoros de antiquísimas tumbas, las minas de plata y oro abandonadas o los tesoros enterrados por piratas. A excepción del plan propuesto por el arzobispo Nouri para bajar al Arca desde sus alturas y exhibirla en la Exposición Mundial de Chicago, la búsqueda del Arca ha tenido dos móviles fundamentales, el primero espiritual y el segundo arqueológico. Cuando encontramos a buscadores del Arca nos quedamos impresionados ante su fe y la fortaleza de sus deseos para demostrar que el Arca está ahí.

El minucioso examen efectuado por la susodicha expedición reveló unas medidas equivalentes más o menos a las mencionadas en la Biblia. Hubo un margen de tolerancia para algunas variaciones con arreglo a la longitud aceptada del codo. Asimismo se pudo explicar la anchura algo excesiva del objeto con la rotura de las cuadernas cuando el Arca se llenase de tierra y quedase cubierta por la lava para recibir todavía otra capa de tierra.

Después de algunas discusiones entre los miembros de la expedición se tomó la decisión (no unánime, se supone, pues conviene considerar la presencia de un arqueólogo) de dinamitar una porción de la presunta Arca para verificar si allí existe una construcción tangible de madera o metal, residuos de brea o partículas del sólido maderamen interno, en conformidad con los informes o los recuerdos legendarios sobre el Arca de Noé. Soldados de la escolta militar colocaron e hicieron explotar cargas de dinamita y no se descubrió cámaras internas ni evidencias irrefutables de maderamen aunque más tarde se alegara que entre los escombros habían aparecido filamentos de madera descompuesta.

Por fin resultó, y ello tuvo aceptación general ulterior, que el Arca «fantasmal» era, ni más ni menos, un abultamiento natural de la tierra en una zona de frecuente actividad sísmica; y que todo aquello era lava o fango solidificado..., no el Arca ni un molde del Arca siquiera.

Pese a todo, aquella masa de lava y tierra mostró una semejanza sorprendente con lo que uno pudiera imaginarse como el casco de una nave antiquísima encallada en el fondo oceánico, si se omitiese la circunstancia de que allí no había ningún océano, sino el recuerdo remoto de un mar, evocado por las conchas y los fósiles marinos hallados en la montaña y bajo tierra.

El simulacro del Arca permaneció relativamente inadvertido desde 1960 hasta 1984, un período durante el que diversos exploradores, montañeros e indagadores prosiguieron sus expediciones al monte Ararat en busca del Arca.

Entretanto, varias fotografías del Arca fantasmal aparecieron a intervalos en los semanarios más sensacionalistas, reproduciendo por lo general la fotografía turca de 1959 con retoques ostensibles de la imagen original, atribuida a las fotografías aéreas hechas por pilotos turcos o rusos.

En 1984, el Arca enterrada disfrutó de un resurgimiento de publicidad con amplio eco en la Prensa mundial. Ello fue el resultado de una expedición que visitó e inspeccionó el objeto y recogió muestras de piedra, lava y tierra. Este equipo fue capitaneado por Marvin Steffins, presidente de «Exploraciones Internacionales», y Ronald Wyatt, un anestesista que había visitado el emplazamiento en años anteriores.

Cuando regresó a Ankara, Steffins anunció que la formación

semejando un barco era, ciertamente, el Arca, y que él había tomado numerosas muestras de esa formación y las había embalado en sacos. Tales muestras fueron de madera, tierra y piedras, y las analizaría apenas él volviese a los Estados Unidos. Por su parte Ronald Wyatt tomó también algunas muestras que se proponía analizar en Knoxville, Tennessee.

Como la apropiación de cualquier antigüedad valiosa (un encasillamiento eufemístico pero apto para el Arca) tiene muchas probabilidades de provocar una respuesta negativa de cualquier Gobierno en cuyo país se haya encontrado la antigüedad, el Gobierno turco averiguó muy pronto la historia de los sacos e interceptó el paso a Steffins en el aeropuerto de Estambul cuando se disponía a abandonar Turquía. Aquello no fue contrabando sino, simplemente, 3.440 gramos de piedra, arena y tierra, un cargamento sobremanera inocente pero, así y todo, propiedad oficial turca. Mientras tanto, Wyatt había conseguido llevar su propia colección a Nueva York y exhibirla en una rueda de Prensa. Esa apropiación de propiedad nacional suscitó una reacción muy considerable de la Prensa turca. Un editorial del *Turkish Time*, periódico escrito en inglés, condenó no sólo la toma de muestras sino también la falta de consideración de los extranjeros respecto a las regulaciones aduaneras de la nación, y añadió refiriéndose hábilmente a la leyenda del Diluvio, que «sin esa consideración degeneraríamos hasta el nivel de esos seres no civilizados a quienes Dios envió el Diluvio para la destrucción del mundo».

Ese incidente, que además interrumpió otras expediciones al monte, adquirió muy pronto una faceta ajena a este mundo. El coronel Irwin, aquel famoso astronauta que caminara por la Luna, guardaba en su bagaje una muestra de la roca lunar que él recogiera de la superficie lunar. Las autoridades aduaneras intervinieron esa roca para examinarla como posible exportación ilegal desde Turquía, hasta que el coronel Irwin les explicó que aquello no era una pieza arqueológica y tampoco tenía origen turco y, por más señas, ni siquiera era de este mundo.

En marzo de 1985 tuvo lugar una nueva investigación del Arca fantasmal. Esta vez se utilizó un prototipo perfeccionado de *scanner* o tomógrafo con frecuencia molecular para detectar si había o no una forma voluminosa o metálica dentro del montículo. El *scanner* de frecuencia molecular funciona con arreglo al mismo principio del *scanner* CAT que se usa en los hospitales para localizar y medir las excreciones extrañas dentro de los órganos del cuerpo humano. Se ocupó de llevar dicho *scanner* a Turquía a un tal David Fasold, veterano investigador del Arca y creyente entusiástico en su existencia actual, no sobre la cima del gran Ararat sino en una cordillera mucho más pequeña a veintisiete kilómetros de distancia. Fasold es un ex oficial de la Marina mercante (con licencia de capitán) así como experto submarinista en materia de salvamentos que ha trabajado largo tiempo con radar sumergible de acción lateral para localizar naufragios en el fondo marino. Él está más familiarizado con el mar que con las montañas, pero también convencido, como él mismo dice, de que «sabe reconocer un barco apenas lo ve» tanto si está debajo de la tierra como de las aguas.

Fasold y Wyatt visitaron en marzo el Arca enterrada abriéndose camino por la nieve profunda. Fasold, que había llevado consigo el *scanner*, comprobó para satisfacción de ambos que había un bulto voluminoso o algún objeto desconocido debajo de la nieve y dentro del montículo. La presencia de hierro se manifestó en líneas fácilmente distinguibles atravesadas a intervalos definidos por otras líneas. Ante semejante información, Wyatt tuvo el convencimiento inmediato de que había encontrado el Arca y, acto seguido, indicó que el hierro detectado podría representar restos de grandes clavos empleados para fijar baos o quizá barrotes de jaulas.

Durante su regreso a Ankara, cuando se detuvieron para tomar un refrigerio en el restaurante de una estación de servicio, los conductores del autobús local y de algunos camiones aparcados allí preguntaron curiosos cómo era que todos estaban tan quemados por la nieve. El chófer de su coche se lo explicó:

—¡Estos americanos son héroes! Tienen una máquina que les ha ayudado a descubrir el Arca sagrada.

Esta declaración algo prematura les deparó un sinfín de bendiciones, comida gratuita y varios brindis con raki.

Fasold y Wyatt volvieron a Turquía en junio acompañados por el doctor John Baumgardner, un científico investigador de la NASA en Los Álamos. Esta vez, sin el impedimento de la nieve, el equipo identificó, siguiendo los puntos del metal, nueve líneas transversales que cruzaban trece líneas largas representando, aparentemente, el casco de una nave gigantesca, curvada, como debería estarlo un barco, no angulosa, con lo que podría ser la quilla orientada diez grados Norte hacia el monte Ararat.

Acto seguido se decidió que Fasold regresara a Estados Unidos para recoger una unidad radar de alto nivel tecnológico con superficie de contacto (también usado por la NASA) que le arrendaría la «Geophysical Survey Systems, Inc.», y la trajera a Turquía. Ese aparato podría fotografiar lo que el *scanner* CAT se había limitado a apuntar. Él profundizaría dieciséis metros y medio bajo la superficie terrestre y reproduciría claramente lo que había dentro del mencionado montículo. Fue preciso solicitar a la NASA un permiso especial para utilizar fuera de los Estados Unidos ese radar con superficie de contacto. Asimismo se requirió autorización del Gobierno turco para emplearlo dentro de Turquía.

Durante el mes de agosto, mientras se esperaba la llegada de la susodicha unidad, el equipo reexaminó el emplazamiento. Ahora el grupo integrado por Wyatt, Baumgardner, Mahlon Wilson, quien había aportado una máquina perforadora con dispositivo para cubicar la tierra extraída, Tom Fenner, un geólogo explorador que manejaría el radar con superficie de contacto, y George Hause, fotógrafo de la expedición. Se repitió el experimento anterior con el *scanner* CAT y después de varios sondeos se colocó sobre el Arca fantasmal una serie de cintas que seguían ostensiblemente, las líneas indicadoras de concentraciones metálicas. Se utilizaron las cintas anaranjadas para señalar las líneas que corrían de este a oeste, y las cintas amarillas para señalar las que se cruzaban de norte a sur. Cuando cada cinta estuvo en su lugar, el contorno así esbozado dio al objeto más aspecto de barco que nunca. Algunos escépticos actuales han observado que, aun cuando el detector de metal no estuviese conectado en algunos momentos, las líneas continuaban trazando la figura de un barco. Esas primeras pruebas recibieron ayuda psicológica de los comentarios hechos sobre la marcha por Ron Wyatt a la Prensa, la Televisión y otros observadores. En cierta ocasión, Wyatt caminó sobre el montículo entre las bandas y, deteniéndose de pronto, afirmó que se hallaba plantado sobre el camarote del capitán; y más adelante, refiriéndose al trazado delineado por las cintas, manifestó que algunas indicaban los barrotes de hierro con que estaban provistas las antiquísimas jaulas, ahora enterradas, para los animales del Arca.

Por fin Fasold regresó a Dogubayazit con la unidad radar de superficie de contacto y los indispensables permisos. Pero cuando llegó allí se encontró con que el Ararat y el área circundante habían sido declarados una vez más zona prohibida para investigadores extranjeros porque los terroristas habían secuestrado varias expediciones en las laderas superiores, confiscando sus instrumentos y, por último, expulsándoles del monte a punta de pistola (véase el capítulo V).

Aunque los destacamentos turcos se desplegaran y cercaran a los sediciosos, la prohibición de explorar el Arca continuó vigente. Por consiguiente, Fasold no pudo hacer funcionar la máquina pero reanudó sus gestiones durante el verano de 1986 (véase el capítulo X). Aquí conviene señalar que, aun cuando la unidad radar de grabación no procurase pruebas positivas sobre una nave enterrada debajo del montículo, se la podría utilizar, también, en otras áreas prometedoras del propio monte, ya que el aparato escudriña con idéntica eficacia formas, dimensiones y detalles de objetos ocultos debajo de la nieve, del hielo y del agua así como de aquellos enterrados bajo tierra.

Fasold estima que la localización del Arca sepultada a veinticinco kilómetros y medio del monte Ararat, es conciliable con la cita alcoránica del monte Judi como ubicación del Arca, puesto que Judi significa en árabe, sencillamente, «las alturas», lo cual está también en conformidad con la tradición bíblica que no dice, concretamente, «monte Ararat» sino «las montañas de Ararat». Aunque se mencione por lo general la cordillera del Tendürek como escenario de la cumbre conteniendo el Arca, el auténtico es la cercana cordillera de Akyayla que corre de noroeste a sudeste bastante cerca de Dogubayazit. La sección de colinas donde está localizada el Arca recibe la denominación de Casher que significa «Día del juicio final», expresión reminiscente de acontecimientos que, según la memoria de muchas razas, tuvieron lugar en el área circundante.

La altitud del objeto es de 2.079 metros sobre el nivel del mar, bastante inferior a la que se ha calculado para el Arca del Ararat; pero el nivel actual, según la teoría de Fasold, resulta de un súbito corrimiento de tierra desde una altura mayor en la cordillera de Akyayla, donde se la ha situado desde el Diluvio. Ese corrimiento montaña abajo fue la causa de que quedara cubierta por capas de lodo y arena, lo cual, mediante un proceso de siliconización, petrificó la gigantesca nave y preservó su forma. Tal vez la detuviera en su deslizamiento una gran formación rocosa que hoy se puede ver todavía empotrada en el costado del objeto o lo que sería la banda de babor de la nave. Según argumenta Fasold, hasta ahora nadie pudo apercibirse del Arca enterrada porque no estaba en el lugar donde se la suponía. Sin embargo, como se la avistó desde el aire, cabe suponer que los terremotos la impulsaran hacia arriba y el terreno a su alrededor se erosionara haciendo más evidente la forma de nave.

Si se probara, conclusivamente, que el objeto es parte de una nave, la pretensión de que es el Arca de Noé sería todavía discutible. Parece interesante señalar que muchos de los nativos conocen el objeto pero no creen que sea la nave de Noé sino la de Malik Shah, un gobernante de tiempos antiguos que navegaba con una embarcación inmensa por un lago que cubría una vasta zona alrededor del Ararat y que pudiera haber comunicado con otros grandes espacios lacustres por el sur y por el norte. (Hoy día existe aún un lago en la planicie de Ararat alimentado por corrientes subterráneas que se forman tras el deshielo del Gran Ararat y del Pequeño.)

Durante 1987 se ha proyectado examinar el Arca enterrada por arqueólogos turcos así como por varios americanos si éstos consiguen el imprescindible permiso. Ahora bien, desde las fechas en que se descubrió el Arca, los exploradores la han dinamitado una vez y han intentado llevarse piezas para su análisis. Por consiguiente, las autoridades turcas tienden a prohibir las excavaciones así como el arrancar piezas de la nave enterrada y de cualquier otra embarcación descubierta en la montaña para impedir su desmantelamiento parcial o total como ha ocurrido con otros restos arqueológicos en diferentes países.

Pero Fasold está convencido de que la excavación no será necesaria ni siquiera útil para probar la identificación del artefacto con un barco ya que la composición molecular del artefacto ha cambiado mediante la siliconización y ahora es sólida. Él razona así:

—¿No sabéis de cuánto es capaz el radar con superficie de contacto? Podréis ver dentro del objeto sin hacerlo añicos. Os será posible examinar baos y compartimientos, cubiertas y barrotes de hierro, quizá con cada cosa en su lugar.

Si la formación «enterrada» resulta ser una embarcación, ¿qué podrá decirse de la otra Arca cuya presencia ha sido tantas veces denunciada y a la que se ha tenido por el Arca de Noé desde la remota antigüedad? ¿Podría haber dos Arcas o incluso más si se considera el aserto islámico de que el Arca estaba en el monte Judi *(Cudi)*, también en Turquía pero más al sur; otra en el monte Nisir; todavía otra más en el monte Demavend, Irán y varios varaderos más de embarcaciones incólumes en diversas partes del mundo?

No obstante, la presencia tantas veces denunciada del Arca de Noé en el monte Ararat es lo que mantiene todavía la fe y la imaginación de muchos pueblos del mundo. Su localización definitiva en el monte donde se la supone sería un acontecimiento que podría hacer cambiar el talante del mundo actual modificando sus conceptos religiosos e históricos, geofísicos e incluso políticos. Quizá sea ésa la causa de que, aparte del comprensible celo por averiguar y explorar, tantos escaladores de montaña hayan afrontado el riesgo y la muerte en su deseo de dar con ella, y a veces hayan encontrado ambas cosas.

CAPÍTULO V

Dikkat! ¡Peligro!

Ciertamente, Ararat es uno de los montes más impresionantes y bellos del mundo; impresionante porque se eleva abrupto hasta una altura de 4.620 metros desde una meseta que está ya a 990 metros de altitud. Es bello porque se alza solitario, lejos de otras montañas, y cuando las nubes se retiran de su cumbre, casi siempre a primeras horas de la mañana y del crepúsculo, su gigantesca masa y cumbre nevada te inducen a alzar la cabeza en una especie de saludo involuntario ante su tamaño, su misterio y su conexión con la leyenda más famosa de la raza humana.

Ararat, con sus dos picos, el Ararat Grande y el Pequeño, cubre un área de 900 kilómetros cuadrados largos. Es un volcán cuya última erupción, en el año 1840, ocasionó la desaparición de la aldea y el monasterio de Ahora en su ladera nordeste y la formación de un enorme barranco con 264 metros de profundidad allá donde estuviera emplazada la aldea. Varios glaciares descienden por la montaña; los de mayor superficie son los llamados Parrot, Abich I y Abich II que, en algunos trechos, tienen 66 metros de espesor. La cumbre helada del Ararat cubre treinta kilómetros cuadrados y alcanza su máximo grosor en el declive entre los dos picos del Gran Ararat. Las laderas del monte tienen diversas hondonadas donde exploradores y pilotos de distintas épocas afirmaron haber visto lo que ellos tomaron por los restos del Arca de Noé. Hay otros emplazamientos en el monte propuestos como posibles varaderos del Arca tales como las ubicaciones sobre la nueva aldea de Ahora, algunos puntos debajo del glaciar y otros cubiertos de hielo en la cima. Hoy día no es posible buscar el Arca en Ahora por razón de su proximidad a la frontera con la URSS.

En la actualidad, el punto de partida predilecto para las expediciones dedicadas a la caza del Arca o los montañeses interesados, sencillamente, en escalar el famoso monte, es la ciudad de Dogubayazit (se pronuncia Doh-bayazit) que representa el vértice meridional de un triángulo casi equilátero entre el Ararat Grande al norte y el Pequeño al sudeste. La «temporada» para las expediciones desde Dogubayacit es breve pero agitada ya que sólo a mediados y finales de verano existen condiciones aceptables para escalar, sobre todo por la ausencia de nieve en los niveles bajos que favorece el difícil ascenso. Durante ese tiempo el alpinista encuentra, aparte de las dificultades normales y singulares que cabe esperar en el monte Ararat una gran abundancia de flores alpinas, rebaños de ovejas, caballos, cabras silvestres, pastores afables y, particularmente, perros ariscos.

Sin embargo, hay tantos peligros relacionados con la exploración del monte, algunos misteriosos otros patentes, que no es de extrañar la denominación turca para el Ararat: Agri Dagh o «montaña del Dolor», que resulta muy adecuada.

El autor entrevistó a Ahmet Ali Arslan, montañero y fotógrafo, artista, escritor y doctor por la Universidad de Erzurum, sobre los peligros peculiares del monte Ararat. Se puede tener al doctor Arslan por una persona bien documentada acerca del tema, pues él ha alcanzado hasta diecisiete veces la cumbre del Gran Ararat en un total de treinta y siete escaladas a la montaña. Arslan nació en Aralik, sobre la vertiente septentrional del monte Ararat, y ha estado escalando la montaña desde 1965. Tiene también considerable experiencia como escalador de la cordilera de Pamir, situada en la República soviética de Kirguisistán.

Pregunta: *En su calidad de alpinista, ¿cómo cataloga usted Ararat en comparación con las demás montañas que ha escalado?*

Desde el punto de vista técnico, la escalada no es demasiado dificultosa, pero los científicos han hecho constar que hay gas activo, bióxido de carbono, en las pendientes superiores. Esto, más la carencia normal de oxígeno a altitudes extremas. Una combinación semejante es muy adversa para los escaladores porque causa malestar y confusión.

¿Qué me dice usted de las avalanchas?

Las avalanchas de nieve son raras, salvo en primavera, cuando las acumulaciones de nieve congelada se derriten, en parte, y teminan por precipitarse cuesta abajo. Esto sucede, mayormente, en las laderas nordeste y noroeste. Pero tanto los corrimientos de rocas como las avalanchas de roca son peores. Las «bombas» volcánicas, rocas y lava solidificada cerca del cráter, ruedan cuesta abajo. Algunas de ellas son tan grandes como camiones y alcanzan velocidades de 120 a 180 kilómetros por hora. A veces, el salto de una cabra silvestre espantada por los escaladores es causa suficiente para desencadenar una avalancha de rocas. También puede ocasionar el mismo efecto una orden estridente, o un eco o el disparo de un rifle. Se asemeja a las avalanchas de nieve en los Alpes suizos, sólo que aquí son miles y miles de rocas.

¿Representa un peligro el mal tiempo?

Varias tormentas de agua y nieve pueden sorprenderte en la montaña cuando menos lo esperes. Lo peor de una tormenta son los rayos que suelen fulminar o inmovilizar a los escaladores.

¿Acaso no ocurre lo mismo en otras montañas?

Sí, pero no como en el Ararat. Éste es un monte solitario y muy alto como un gigantesco pararrayos. Por regla general, las pendientes superiores están cubiertas con nubes llenas de electricidad estática. Y los escaladores llevan consigo muchas herramientas metálicas como picos, crampones, clavijas, etcétera. Los imperdibles metálicos en el sombrero de montañero, que nosotros intercambiamos con otros escaladores, pueden atraer al rayo. También pueden ser peligrosas esas rocas tras las que intentas refugiarte. Si buscas un refugio, procura que sea de roca volcánica... pues el granito atrae al rayo.

¿Se extravía uno cuando está rodeado de nubes?

No. Entonces nos detenemos. Si prosiguiéramos nuestro camino podríamos irnos por un precipicio o abrirnos paso en el hielo derretido a medias y pisar sobre una grieta que profundice hasta el fondo de un galciar. Según tengo entendido eso es lo que les sucedió a dos muchachas escaladoras, desaparecidas en la montaña este mismo año (1975). Usted no puede saber dónde están esos boquetes, recuérdelo bien. El propio monte es un volcán todavía «caliente». La niebla aparece cuando surgen humaradas de gas caliente por las chimeneas en plena montaña. Y cuando se monta la tienda para acampar, resulta perceptible al cabo de un rato que la tierra libera calor. En 1965 tuvimos un terremoto aquí. Justamente cuando la gente entraba en la mezquita a la hora de la oración, todos oyeron de súbito un rugido profundo, poderoso, que llegaba de las entrañas terrestres. Acto seguido la tierra tembló.

Creo recordar haber oído que la vida animal en el Ararat, peligrosa para los escaladores, puede ser catalogada a grandes rasgos en tres zonas: la zona inferior para las víboras venenosas, luego la zona de los lobos y, por último, la zona reservada a los osos. ¿Está conforme usted?

Sí. Y no se olvide de los escorpiones cuando acampe en los niveles inferiores. Esos bichos podrían introducirse debajo de su manta, a veces docenas de ellos atraídos por el calor. Una mordedura o varias podrían acarrearle la muerte si estuviese mal del corazón. Respecto a las otras especies de «vida silvestre», los lobos que, usualmente, persiguen a las ovejas desperdigadas, atacan también al hombre si están lo bastante hambrientos, y los osos son peligrosos si creen que se les amenaza. Cierta vez durante una escalada, me vi obligado a buscar refugio en una de las cuevas de la montaña, pero me encontré con que ya la ocupaba una osa y sus dos retoños. Opté por buscar otra cueva.

¿Hay bandidos y terroristas en la montaña?

Jamás los vi. Durante el verano de 1985 los periódicos publicaron varias reseñas sobre ellos. Pero, en agosto, unos destacamentos del Ejército turco barrieron la montaña desde la base hasta la cúspide, y puede tener usted la seguridad de que ahora no quedan bandidos.

¿Cuáles son las expresiones turcas más útiles para quienes viajan por la montaña?

Le diré unas cuantas. Algunas de ellas pueden ser muy importantes:

¡Hola!	*Merhaba!*
Sujete a sus perros, por favor.	*Lütfen köpeği tutun.*
Me he extraviado.	*Kayboldum.*
Necesito ayuda, por favor.	*Lüften, yardim edin.*
Ha habido un accidente.	*Kaza oldu*
¿Dónde está su campamento?	*Çadirlar nerede?* (Ç = ch)

(La cosa que deseas tener va delante en el orden sintáctico.)

Quiero alimentos.	*Yiğecek istiyorum.* (La g prolonga el sonido de la vocal precedente.)
Quiero agua.	*Su istiyorum.*
Quiero un caballo.	*At istiyorum.*
Quiero un guía.	*Rehber istiyorum.*
¿Cuánto vale?	*Ne kadar uzak?* (Ne = nay)
¿A qué distancia está?	*Ne kadar?*

(El lugar adonde se quiere ir va delante.)

¿Dónde está...?	.... *nerede?*
Por ese camino.	*Bu taraftan.*
Este	*Doğu*
Oeste	*Bati*
Norte	*Kuzey*
Sur	*Güney*
Peligro	*Dikkat*
Gracias	*Sağ ol!*
¡Adiós! (a alguien que se marcha).	*Allaha ismarladik!*
Adiós (a alguien que se queda).	*Güle, güle!*
¡Magnífico! ¡Bonito!	*Güzel!*

Doctor Arslan, usted ha tenido una experiencia notable como guía en el monte Ararat y es una autoridad en historia y folklore. Dígame, pues, si el Arca está en el Ararat.

A mi juicio la han visto las suficientes personas en los últimos cincuenta o sesenta años para demostrar la realidad de esa leyenda. Se la encontrará, probablemente, allá

Primera vista aérea del Arca enterrada mostrando una brecha en el costado derecho. Aunque muchos la tengan por una formación natural, esta forma es, sin duda, el origen de algunos partes presentados por los pilotos que dicen haber visto el Arca. *The London Daily Telegraph.*

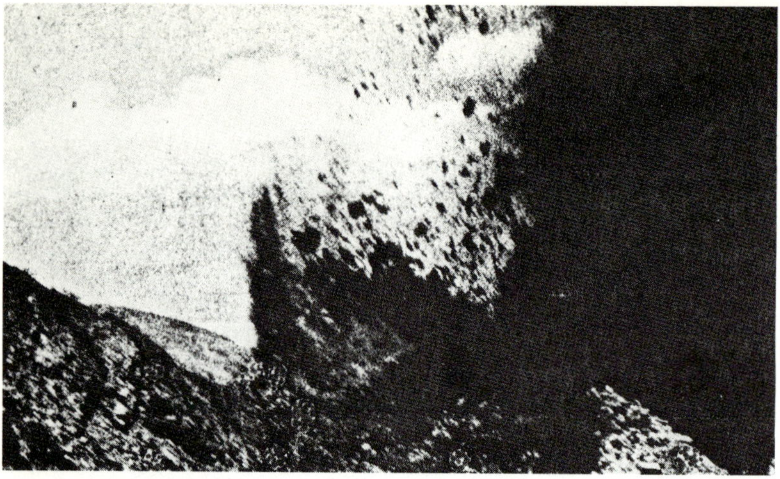

Fotocopia de fotografía mostrando el momento en que se dinamitó durante la expedición de 1960 (véase Cap. IV) el arca enterrada, para averiguar si esa forma de arca contenía madera. Se encontraron varios fragmentos de madera. *René Noorbergen. (Perteneciente a los archivos de la Sociedad para la Investigación de lo Inexplicado.)*

Esta fotografía de la expedición emprendida el año 1960 para buscar el Arca enterrada, muestra a los investigadores con soldados de la Caballería turca en el escenario de los hechos. Las paredes circundantes miden 6,6 metros de altura. *René Noorbergen.*

El monte Ararat visto desde Igdir, en la vertiente que da a la URSS. Cuando llegamos a Igdir, a 825 metros escasos sobre el nivel del mar, la imagen del Ararat nos perturba los sentidos. No hay nada a la vista, salvo la ingente montaña; una presencia tan abrumadora que nos resultan comprensibles las visiones que generaciones y generaciones de gente han creído contemplar allí. *Ahmet Ali Arslan.*

El Pequeño Ararat visto desde las pendientes orientales del Gran Ararat en Mih Tepe. La parte oriental del Pequeño Ararat linda con la frontera iraní donde hay un activo tráfico de armas. *Ahmet Ali Arslan.*

Hacia el alba, las nubes se levantan del monte Ararat formando un inmenso embudo. Es hacia esa hora temprana, bajo cielos muy claros, cuando todo visitante a lo largo de los siglos cree ver la forma de un arca en lo alto de la montaña, un fenómeno que se viene produciendo cada vez con más frecuencia desde que unos pilotos dijeron haber visto la forma de un arca sobresaliendo de la nieve en las concavidades de las cumbres. *Jay Bitzer. Probe Ministries.*

Una formación rocosa estratificada que, vista desde lejos, podría confundirse y ha sido confundida con el Arca de Noé. A ésta se la llama la Roca del Diablo (*Seytan Kayasi*). Se tomó la fotografía de Este a Oeste desde las pendientes bajas del monte Ararat. *Ahmet Ali Arslan.*

El monte Ararat visto desde las calles de Dogubayazit. Su tamaño, sus laderas abruptas y la ausencia de otras montañas en las proximidades, ejercen un influjo místico sobre los habitantes de la ciudad y los viajeros que la visitan. *Jay Bitzer. Probe Ministries.*

Interior de una tienda en un campamento nómada. Los nómadas montañeses son, por lo general, hospitalarios y solícitos, pero, a veces, los escaladores encuentran suma dificultad en distinguir entre nómadas, bandoleros e insurgentes. Si no llevas armas, te dispensarán casi siempre una amistosa acogida. *Ahmet Ali Arslan.*

Los pastores no llevan sus rebaños más arriba de los 2.640 metros. Cuando pasan de esa altitud observan que sus ovejas empiezan a morir, un fenómeno que antaño se atribuía a la prohibición divina de escalar la montaña. *Ahmet Ali Arslan.*

El gran Ararat visto desde el Norte mostrando la cara occidental del barranco de Ahora que mira hacia el Este; en este punto tiene 264 metros de profundidad. Los glaciares Abich I y II se ven de izquierda a derecha. La ladera a mano izquierda está cubierta de cenizas. En la pendiente a mano derecha se pueden ver algunos caballos. Se trata de animales salvajes capaces de luchar con los lobos. *Ahmet Ali Arslan.*

El glaciar Negro coloreado por la ceniza. Aquí fue donde la ciudad y el monasterio de Arghuri fueron destruidos por la erupción de 1840. Ciudad y monasterio se desvanecieron dentro del barranco. *Ahmet Ali Arslan.*

Luz del alba sobre el Ararat. El monte Ararat es el punto más alto de Turquía y capta las primera luces del día en territorio turco. *Ahmet Ali Arslan.*

Rocas volcánicas cubiertas con ceniza. Dada su tendencia a deshacerse, este paso representa un peligro singular para los escaladores. Cuando un montañero asusta a las cabras montesas, sus movimientos causan frecuentemente avalanchas de rocas y corrimientos de tierra. Un disparo de rifle o un grito penetrante puede provocar también la precipitación de piedras. *Ahmet Ali Arslan.*

La flecha marca el lugar donde los bandidos insurgentes atacaron al equipo Probe en 1985. Otros pliegues en lo alto de la montaña, cubiertos parcialmente por el hielo, muestran la posición donde los pilotos han avistado desde el aire un objeto con forma de barco, y los exploradores aseguran haberlo visto al descubierto o debajo del hielo. *Jay Bitzer. Probe Ministries.*

Área peligrosa típica en el barranco de Ahora donde la nieve blanda, el viento y la niebla pueden ser causa de que los escaladores caigan en grietas o simas. *Ahmet Ali Arslan.*

Glaciar fluyendo desde Mih Tepe, una pendiente superior del Gran Ararat. *Ahmet Ali Arslan.*

Ahmet Ali Arslan franquea una grieta ayudándose con un hacha de alpinista. En cierta ocasión se hundió bajo sus pies la frágil capa de hielo y él cayó unos diez metros dentro de la grieta; sólo pudo salir gracias a su hacha, unas cuantas cuerdas y la asistencia de dos ayudantes. *Ahmet Ali Arslan.*

Ovejas en la montaña sobre el barranco de Ahora. La cría de estas ovejas, típicas del lugar, tiene por objeto, principalmente, su exportación a Irán, Irak y Siria. *Ahmet Ali Arslan.*

El hielo del barranco Parrot se licua y corre por una fisura en el lado nordeste. Allá por 1965, Navarra informó que los restos del Arca estaban aquí, debajo del hielo, en un punto a 49,5 metros de profundidad. Durante el deshielo habitual de agosto se abren centenares de boquetes y el hielo derretido corre en forma de cascadas glaciales. *Ahmet Ali Arslan.*

donde se supone que está..., entre los 4.620 y 4.950 metros de altura siguiendo la ladera a mano derecha del barranco de Ahora hasta alcanzar de frente el glaciar Parrot. Allí hay una enorme explanada, tan grande como un campo de fútbol a cien metros debajo de hielo. Y es allí donde se ha visto el Arca durante los períodos de deshielo y donde se han cogido piezas sueltas de ella, allí es donde se han encontrado los restos del Arca.

No obstante, y aunque exista la creencia generalizada de que el Arca está congelada debajo del glaciar dentro de un campo helado sobre el barranco de Ahora, cualquier expedición encaminada a excavarla y desenterrarla tropezaría con varios impedimentos. En primer lugar, el barranco de Ahora está frente a la frontera rusa donde hay observadores militares prestos a indagar cualquier actividad inusual. Y apenas comprobaran la intervención americana (las noticias viajan aprisa por la montaña) se formularía una protesta sin demora. La búsqueda del Arca en el área donde muchos investigadores sitúan los restos de la enorme nave, requerirá una acción rápida durante el calor estival.

Pero, si se ha notificado la existencia del Arca en un lugar concreto, ¿por qué no se han organizado partidas de exploración hasta el escenario del hallazgo? La respuesta a ello se encuentra en las crónicas explícitas de tiempos antiguos, cuya verificación requirió milenios. A esta categoría pertenecen la ciudad de Troya, famosa por su presunto emplazamiento debajo de un inmenso montículo que una vez excavado la dejó al descubierto; la metrópoli de la antigua Mesopotamia, cubierta por montículos y extendiéndose *debajo* del desierto, que fue descubierta, una vez más, gracias a los informes de tribus árabes, visitantes asiduos de los gigantescos montículos por creerlos un buen lugar para encontrar ladrillos; y las ciudades íntegras de Herculano y Pompeya, sepultadas y olvidadas durante mil quinientos años, tenidas por pura leyenda, y todavía inexplorada casi todo Herculano (la mayor) porque una ciudad italiana, Resina, había sido construida sobre la tierra que cubría sus ruinas. Añadamos a esos ejemplos la Gran Esfinge de Giza entre cuyas patas delanteras se suponía existía un altar pétreo, pero durante casi dos mil años nadie se tomó la molestia de excavar entre las zarpas para averiguar si tal cosa era cierta. (Lo era.)

En otras palabras, todo cuanto se necesita es una expedición bien organizada, provista de permisos, material de excavación y radar del subsuelo para indagar la presencia del Arca en el Ararat, y quizás encontrarla.

Las experiencias de expediciones e individuos en el Ararat, recalcan los peligros antes mencionados y dejan entrever unos cuantos más. John Morris, hijo de Henry M. Morris (investigador del Arca y prominente en el movimiento creacionista), organizó una expedición al monte Ararat el año 1972. Posteriormente, John Morris publicó su propio libro *(Adventure on Ararat)* donde hace una descripción muy gráfica de su encuentro con el rayo a una altitud de 4.290 metros. Él observó que los relámpagos parecían agruparse en ciertos espacios acompañados por tremendas explosiones del trueno.

> La electricidad estática era evidente por doquier. Nuestros crampones y hachas producían ruidos, nuestro pelo se erizaba, incluso la barba de J. B. y mi bigote se ponían de punta...

Pese a la tormenta, Morris y otros dos de su partida prosiguieron hacia arriba y por fin se acomodaron al pie de una gran peña para descansar. Súbitamente el rayo fulminó repetidas veces la peña precipitando a Morris y a otro escalador por la pendiente y dejando a Bultema (el J. B. mencionado más arriba) pegado a la peña con piernas y brazos «suspendidos en el aire». Mientras permanecía adherido a la peña, Bultema sintió «el fluir de la electricidad por su cuerpo» paralizando casi por completo sus movimientos. Cuando logró al fin poner pie en el suelo, cerró sin darse cuenta el circuito eléctrico generando una fuerza que le catapultó por la pendiente hasta el lugar donde cayeron los otros. Morris, que había perdido el conocimiento a causa de la sacudida eléctrica, se recobró pero siguió sin poder moverse. Vio que el tercer miembro del grupo estaba cubierto de sangre por el impacto contra las cortantes piedras. Como parecía no tener ni idea de lo sucedido, preguntó:

–¿Por qué no dejamos toda esta nieve y nos sentamos debajo de esa gran peña?

Y señaló la misma roca que les transmitiera la sacudida del rayo. Paulatinamente, los tres consiguieron recuperar su movilidad, lo que se produjo gracias, con toda probabilidad, a su buena forma física y a la fuerza psicológica de la oración, y descendieron doloridos de la montaña.

La desaparición en 1965 de un joven montañero británico, Christopher Tease, un estudiante de Balliol, auxiliado modestamente para su investigación con becas de Oxford y del Balliol College; llegó a Dogubayazit provisto de parcos víveres, que él se proponía llevar hasta lo alto del monte junto con muy poco más. Haciendo gala de excepcional optimismo se propuso escalar la cumbre del Ararat el 26 de agosto y celebrar allí su cumpleaños. Cuando no reapareció en Londres hacia el 14 de septiembre como él lo había proyectado, su familia inició una pesquisa mediante la Embajada británica en Ankara y ésta promovió una búsqueda cuyos participantes fueron fuerzas del 3.er Ejército turco, de la *jandarma* (gendarmería local) y de la Policía fronteriza. Una partida oficial británica, transportada en «Land-Rover», investigó la desaparición de Tease en Agri y Dogubayazit, mostrando por todas partes fotografías de Tease a los aldeanos para ver si alguien lo reconocía. Dos guías, que le habían conocido en una casa de té de Dogubayazit y habían conseguido entenderse con él mediante un estudiante de inglés de Agri, informaron que le habían ofrecido ayuda pero él había rechazado su oferta porque deseaba escalar solo la montaña. La última vez que se le vio, el hombre abandonaba a pie Dogubayazit camino de la escalada, acarreando su bagaje sin guía, ni acémila ni hacha para el hielo.

Pese a la generosa recompensa ofrecida por sus padres no se recibió información salvo el parte del equipo investigador británico diciendo que Tease había visitado un campamento curdo en la montaña cuyos miembros le habían ofrecido un caballo. Más tarde se averiguó que el caballo había escapado desperdigando toda su carga. Entonces se pensó que Tease podría haber decidido regresar a Dogubayazit y habría desaparecido en su viaje de vuelta.

Una expedición posterior, organizada por los padres de Tease mediante el «Explorers Club» de Oxford, corrió la misma suerte, lo que hizo suponer que los restos de Tease estarían ocultos en algún recoveco o grieta de la pendiente. Mientras la expedición acampaba, ocurrió un curioso incidente. Un pastor se aproximó al campamento para preguntar la hora exacta porque su reloj se había parado, un reloj pulsera con baño de oro y brazalete extensible, una verdadera rareza entre los pastores. Según sus padres, a quienes se preguntó más tarde, Tease había llevado un reloj similar cuando emprendió su viaje hacia la montaña.

El astronauta que caminó por la Luna, coronel James Irwin, fundó en 1972 una organización denominada, adecuadamente, High Flight (Altos Vuelos), fundación eclesial internacional, dedicada entre otras cosas a la busca del Arca en el monte Ararat. Durante su expedición en 1982 y después de alcanzar la cumbre, el coronel Irwin se separó de su grupo escalador con objeto de regresar al campamento base para proyectar el descenso. En su libro *More Than an Ark on Ararat* (Más de un arca en Ararat), él describe gráficamente lo que le sucedió mientras descendía.

Después de tomar un atajo atravesando un campo nevado a 4.125 metros de altitud más o menos, se sentó para ponerse los crampones y, de improviso, perdió el conocimiento, evidentemente por un golpe que le proporcionó una piedra rodando cuesta abajo. Cuando recobró el sentido se encontró en el fondo del campo nevado sobre un montón de piedras cortantes, sangrando por múltiples cortes y sufriendo esquinces, probablemente con conmoción cerebral y rotura de cinco dientes. Cuando llegó la noche con su frío intenso, Irwin consiguió a duras penas introducirse en su saco de dormir, pero al quedar dormido siguió deslizándose cuesta abajo y, a pesar de sus pésimas condiciones, pudo desandar camino hasta una peña protectora. Después de pasar la noche sufriendo un frío extremado y cubierto de sangre, fue descubierto por una partida de rescate y transportado en ambulancia y helicóptero al hospital de Erzurum.

Aquella caída no le desalentó: desde entonces él ha organizado cada año nuevas expediciones a Ararat. Éstas son palabras suyas: «Sin duda se buscará el Arca año tras año. Es un misterio que pervivirá hasta que se descubra por segunda vez.»

Irwin atribuye la escapada de 1982 y el retorno a la buena salud, a su fe y su profundo compromiso religioso. Refiriéndose a su experiencia lunar, hace un comentario conmovedor: «Dios caminando por la Tierra es más importante que el hombre caminando por la Luna.»

Entre los años 1954 y 1969, John Libi, intrépido investigador del Arca, realizó ocho expediciones de exploración al Ararat, y la última, cuando había cumplido ya los setenta y tres años. Libi, de origen búlgaro y firmes creencias religiosas, estuvo convencido de saber dónde se encontraba el Arca, pues había visto su emplazamiento en un sueño. Su escalada a la montaña no estuvo exenta de acontecimientos. Le persiguieron varios osos, uno de los cuales, según él, le lanzó piedras, y le acosaron los leones monteses. Sufrió serias lesiones al caer sobre un saliente rocoso desde diez metros de altura, fue bombardeado por granizo glacial tan grande como pelotas de tenis, quedó enterrado bajo la nieve hasta el cuello y contrajo neumonía. En cierta expedición muy ambiciosa, un torrente súbito formado por la lluvia arrastró sus víveres y pertrechos montaña abajo. Un miembro de su grupo se despeñó al poner el pie en el borde de un acantilado que, habiéndose reblandecido por algún terremoto, se desplomó de repente. Un doctor austríaco que se había incorporado a su grupo durante la escalada, abandonó el campamento para dar un paseo y no se le vio nunca más. En su viaje final, John Libi alcanzó el lugar donde soñara que se hallaba el Arca, pero no estaba allí.

En agosto de 1936, un arqueólogo neozelandés (y también agente secreto británico), J. Hardwick Knight, se aproximó al Ararat por el sudeste y cruzó el río en la frontera turca al sur de Sadarak. Hizo esta maniobra con cierta premura pues, según sus propias palabras, «quería zafarse de unos perseguidores algo molestos» que le habían estado siguiendo desde Persia (Irán).

Una vez atravesada la frontera turca, Knight intentó rodear las estribaciones del Ararat para dirigirse hacia Echmiadzin. Pero cuando se acercaba a un campamento en la montaña fue hecho prisionero por unos jinetes que le procuraron una montura. Los asaltantes le llevaron hacia el norte, a su presunto escondrijo, y le retuvieron allí durante dos días, solo, en un sótano. Puesto que no le había hablado ningún jinete ni se le había permitido hablar, él no podía decir quiénes eran ni por qué le habían hecho prisionero. Al término del segundo día, le llevaron lejos del escondite y le devolvieron la libertad, dejándole sin montura, en plena montaña. Como aquella zona estaba cubierta de hierba, Knight no pudo conjeturar dónde se hallaba, pero avanzó hacia el oeste esperando poder alcanzar la cara norte. A lo largo del camino le sorprendieron tormentas eléctricas explosivas y vientos huracanados cuya velocidad sería, según sus cálculos, de 150 kilómetros por hora o más. Confuso y medio dormido, avanzó por puro instinto y se topó con unos cuantos maderos que surgían de la nieve junto al barranco de Ahora. Su primer pensamiento fue que aquello serían los restos de alguna cureña de cañón, o incluso parte de un granero grande, aunque esta última posibilidad le parecía improbable a semejante altura, máxime cuando no se veían árboles ni restos de árboles en las pendientes superiores. Arrancó un trozo de la aparente madera encontrándolo pastoso y deleznable, de modo que lo soltó.

Por fin llegó a Beri. Fue bastante más tarde cuando se le ocurrió que tal vez hubiese pasado junto al Arca sin enterarse. Y desde aquel día lamentó que las circunstancias no le hubiesen permitido un examen más detallado de los maderos que abandonara con tanta precipitación. Pensó cada vez más en el Arca hasta que en 1967 regresó a Ararat formando parte de una expedición para investigar el área donde recordaba haber visto los maderos. No tuvo éxito: una de dos, o los maderos habían profundizado aún más en la nieve o se habían deslizado cuesta abajo, quizás hacia el interior del barranco de Ahora.

El monte Ararat está situado dentro de una zona militar y con frecuencia se ha vedado el acceso a los montañeros por razones de seguridad. En 1982 se dio por concluido un período de «interdicción». Pero ello fue aplicable tan sólo al sudoeste, ya que el sector nordeste tenía una incómoda vecindad con la URSS y el sudeste estaba junto a la frontera de Irán.

En 1984, el *New York Times* publicó un artículo a toda página (domingo, 19 de febrero) promoviendo los viajes al monte de Ararat. Allí se dio precios vigentes de transportes y hoteles en Dogubayazit, se recomendó uno por sus espléndidas vistas y otro por su excelente comida, se detalló la forma de llegar al destino y se especificó cuál era la temporada idónea para practicar el montañismo. El articulista reveló incluso quién era el contacto en Dogubayazit, un tal Ahmet Aga, dio su número telefónico y explicó que «diez años antes este hombre había comprado por 22.000 dólares la falda sudoeste del monte Ararat y que ahora no la vendería ni por cuatro millones». (Esta última declaración es, probablemente, un error de traducción pues nadie está autorizado a poseer ninguna porción del monte. Ahmet Aga se limitó a arrendar una propiedad del Estado turco.) Según el susodicho Aga (*Aga* es un tratamiento respetuoso) él sólo había dicho que conocía todo el monte, no que lo poseyera.

Entre las expediciones organizadas después de la prohibición de 1982 sobre el montañismo, hubo varias dirigidas por el coronel Irwin, y en 1985, cuatro expediciones extranjeras, por lo menos, intentaron el ascenso al monte durante julio y principios de agosto. Estos grupos de escaladores procedían de Japón, Alemania, Francia y los Estados Unidos, y los tres últimos se plantaron al mismo tiempo en el monte, por así decirlo. El grupo americano, de carácter religioso, fue el más interesado por el Arca, aunque no hubiera duda de que los otros grupos examinarían con el máximo interés cualquier madera que hallasen en una montaña sin árboles.

Los cuatro grupos fueron capturados durante la noche, cuando ya se habían recogido en sus respectivos campamentos, por miembros de las agrupaciones disidentes locales que infestaban la montaña. Los escaladores japoneses fueron las primeras víctimas; fueron apresados y después de una breve detención se les envió montaña abajo desprovistos de sus cámaras y de sus equipos especiales. El grupo americano, de la *Probe Ministries Foundation*, bajo la dirección compartida de Bill Crouse, de Dallas, Texas, y John McIntosh, de Crestline, California, habían tenido noticias sobre el incidente japonés, pero habiendo obtenido permiso y sabiendo que la montaña era ya, oficialmente, accesible, decidieron emprender la escalada. Un destacamento turco les acompañó durante la primera etapa de 2.310 metros y luego se retiró. Otros montañeros de este grupo fueron Jay Bitzer, de Dallas, fotógrafo de la expedición, Greg Cromatie, también de Dallas, Wayne Mitchell, de Bound Brook, New Jersey y Gary Meoski, de Toledo, todos ellos capacitados montañeros.

Habiendo alcanzado el nivel de los 4.455 metros o línea de la nieve al cumplirse la tercera jornada, el grupo Probe acampó para prepararse al envite final. Hacia media noche les despertó un gran griterío. El director adjunto Crouse levantó la faldilla de su tienda para ver qué ocurría, y se encontró con la boca de un AK-47 soviético empuñado por un desconocido. Los intrusos, que parecían ser unos ocho, confiscaron las reservas de agua potable necesaria para alcanzar la cumbre, prendieron fuego a todo cuanto era combustible e hicieron correr a sus prisioneros montaña abajo hasta alcanzar el nivel de los 3.564 metros, donde ya había sido interceptado y ahuyentado el grupo alemán.

Jay Bitzer recuerda que los terroristas les requisaron todas las cámaras y el material extra metido en mochilas, imponiendo a los cautivos un descenso precipitado, con temperaturas extremas y sin los elementos necesarios para hacer frente al tiempo riguroso. Cada vez que éstos vacilaban, los terroristas les golpeaban enarbolando muy agitados sus AK-47. Los secuestradores parecieron mantener comunicación con otros individuos o bandas en la montaña. Bitzer declaró lo siguiente:

–Ellos trataron de forma diferente a cada grupo. El equipo francés tuvo que permanecer tendido en tierra durante media hora.

Según supo más tarde John McIntosh, algunos miembros de los grupos no americanos tuvieron pruebas más contundentes sobre la poca conveniencia de hacer tentativas futuras en el Ararat. Se les ató ambas manos a la espalda, se les arrastró y golpeó, y por último tuvieron que emprender el descenso en plena noche y vestidos tan sólo con la ropa interior de invierno. McIntosh cree que si se trató mejor a los miembros del equipo americano tal vez fuera porque ellos habían hecho amistad con los jinetes curdos, quienes actuaron como «amortiguadores» entre los secuestradores y sus cautivos.

McIntosh, un californiano joven y activo, ha participado en varios ascensos al monte Ararat. Él también es un creyente convencido de que el Arca esté en alguna parte de la montaña, quizás oculta debajo de la nieve y del hielo de los glaciares. Él tiene ojo clínico para los detalles y recuerda una serie de incidentes durante la captura:

> La gente que arrasó nuestro campamento, que se hallaba a cierta altura, demolió nuestras tiendas, cogió todo

el material que pensó pudiera serle de utilidad, luego vertió el contenido de nuestro hornillo sobre los enseres restantes y les prendió fuego. Nos hicieron formar círculo alrededor del fuego y nos mantuvieron allí mientras algunos de ellos incendiaban y saqueaban el campamento francés debajo del nuestro. Luego nos condujeron más allá del campamento francés hasta el campamento alemán, el que nosotros llamábamos el «campamento verde», pasada la línea de la hierba. Allí había más terroristas; por un instante pensé que parecíamos estar participando en un mitin político. Desde el momento de nuestra captura, ellos nos hicieron varias observaciones, alguna de las cuales no entendimos pero otras nos parecieron muy claras; por ejemplo, que Carter era aceptable pero que Reagan no tenía «nada de bueno», y que (mediante gestos) nosotros les habíamos ofendido al escalar su montaña. No quisimos discutir porque desconocíamos su lengua y, de cualquier forma, no lo creíamos una buena idea.

Inopinadamente, aquellos individuos empezaron a zarandearnos y apuntarnos con sus armas, indicándonos que debíamos formar en fila. No comprendimos lo que estaba ocurriendo, pero cuando les vi llevarse las armas a la altura del hombro y poner rígidos los brazos para apuntarnos, me dije, «¡nos ha llegado la hora!» Más tarde, Jay Bitzer me contó su reacción: «Yo me preguntaba lo que se siente cuando un plomo candente te entra en el cuerpo.»

Una vez nos alineamos a satisfacción de ellos, varios individuos abatieron sus armas y sacando unas máquinas fotográficas empezaron a hacernos instantáneas. Después de esto, su jefe, quien a juicio de Bill Crouse era la viva imagen de José Stalin, señaló hacia Dogubayazit y dijo:

–Marchad aprisa... ¡Volved a América!

No recuerdo siquiera si lo dijo en inglés o turco, pero

captamos el significado sin duda alguna. Luego añadió algo que, a mi parecer, significaba esto:

–¡No se os ocurra jamás volver a nuestra montaña!

Nuestros guías, que se habían mantenido por los alrededores haciéndonos, ocasionalmente, gestos disimulados de ánimo, nos condujeron montaña abajo... y puedo asegurar que yo no había bajado jamás una cuesta a tanta velocidad. Lo primero que hicimos al llegar a Dugobayazit fue beber cantidades ingentes de «Pepsi-Cola», aunque la hubiera sólo tibia. Estábamos deshidratados.

Sin dejarse arredrar por la amarga experiencia, McIntosh ascendió otra vez el monte varias semanas después con la expedición del coronel Irwin (1985). Entretanto, los destacamentos turcos habían barrido de la montaña a las tribus disidentes. Asimismo tropas turcas escoltaron a la nueva expedición. Se alcanzó la cima, pero se prohibió a los expedicionarios que exploraran los campos de hielo entre ambas cumbres y no hubo más remedio que regresar a la base.

Para ejemplificar cuán peligrosos son los descuidos al hacer planes y la frustración que produce la espera del permiso para escalar la montaña, nos remitimos a la expedición del doctor Aaron Smith (1949), un misionero retirado de Carolina del Norte que capitaneó la primera expedición importante al monte Ararat después de la Segunda Guerra Mundial para buscar el Arca. Su partida de escaladores americanos, junto con soldados y guías turcos, incluyó a Walter Wood, un ingeniero de Sea Cliff, Long Island, y a Wendell Org, un físico empleado en la Central de Energía Atómica de Oak Ridge. La participación de Org, un ejemplo del interés por parte de la ciencia futurista en las leyendas del distante pasado, se repetiría treinta y seis años más tarde, en 1985, con la presencia de los científicos de Los Álamos, doctores John Baumgardner y Mahlon Wilson en la investigación del arca sepultada cerca de

Mahser (llamada Uzengili hoy día) a 2.310 metros de altitud.

La crisis en la expedición del doctor Smith sobrevino por carencia de agua... sobre una montaña de hielo, pero a una temperatura que hace casi imposible la licuación del hielo. A mitad de camino, montaña arriba, se advirtió que había sido derramada casi toda el agua de los recipientes transportados por acémilas. Se decidió, no obstante, seguir adelante e intentar abastecerse con otra posible fuente de agua a una jornada de distancia. Pero cuando la partida llegó allí no vio fuente alguna. Una intensa búsqueda practicada más adelante les permitió localizar al fin cierta cantidad de agua estancada en una grieta del monte. El sediento grupo la extrajo y la bebió mientras se esforzaba por ahuyentar a las serpientes venenosas y a la multitud de insectos que pululaban alrededor aunque aquello no fuera tan fácil con los microbios dentro del líquido. Fortalecidos con las sospechosas reservas de agua, los expedicionarios continuaron explorando y examinando diversas cavernas y grietas en ambas laderas de la montaña sin lograr hallar el Arca dentro del plazo concedido. Cuando su permiso expiró, la nieve comenzaba a caer sobre el monte Ararat imposibilitando toda clase de investigación hasta mejor ocasión.

Walter Wood fue entrevistado por el autor en Glen Cove, Nueva York.

> Pregunta: *¿Qué pensó usted a la sazón (1949) sobre los peligros que entraña la escalada del monte Ararat?*
>
> Nosotros constituimos la primera expedición extranjera desde antes de la guerra. Algunos periodistas turcos afirmaron que no saldríamos vivos del lance. Cuando llegamos a Estambul solicitamos permiso de la Policía turca para buscar el Arca en el Ararat. La contestación de aquel funcionario fue más o menos la siguiente (según la traducción):
>
> —¿Por qué no vuelven ustedes a su hotel y duermen un

poco? Mañana se sentirán más despejados. –Y añadió–: En Turquía tenemos un montón de lugares agradables. ¿Por qué no visitan alguno de ellos?

¿Requirieron ustedes la ayuda de la Embajada norteamericana o del Consulado?

Nos dirigimos al cónsul general. Éste no hizo gran cosa. Rehusó incluso guardar nuestro dinero y objetos valiosos. Yo le pregunté:

–Entonces, ¿para qué le pagamos?

A lo cual replicó:

–Ya lo sabrá si le encarcelan.

Y yo dije:

–¿Quiere decir usted que deberemos esperar hasta ese momento?

Así que renunciamos al Consulado y nos concentramos en los turcos. Éstos nos aconsejaron que hiciéramos nuestras gestiones a través del Departamento de Antigüedades, y nosotros les hicimos caso. Cuando conseguimos al fin el permiso para escalar la montaña y fuimos a Bayazit, ellos nos facilitaron una escolta para protegernos contra los gitanos y contrabandistas del Ararat. Nuestra mayor proeza, creo yo, fue convencer a los turcos de que no éramos unos farsantes. Y les hice una promesa:

–Si tenemos éxito, ustedes tendrán la mayor atracción turística del mundo.

¿Qué parte de la montaña exploraron ustedes?

Nuestra estancia allí fue de un mes más o menos y recorrimos diversas partes de la montaña... Pasamos incluso al lado soviético, alcanzando casi los fortines rusos y el puente colgante en Igdir. (Por aquellas fechas, las emisoras radiofónicas rusas se refirieron sin cesar a «los espías norteamericanos que merodeaban por la zona del Ararat so pretexto de buscar el Arca de Noé».)

Wood puso en duda que el Arca conservase una forma reconocible al cabo de cuatro mil años de erupciones, tormentas y terremotos. Pero, poco después de que su grupo descendiera del monte, le abordaron unos guías nativos que se ofrecieron a buscar el Arca con sus propios medios a base de lo que pudiera denominarse un acuerdo «contingente»: 5.000 dólares si encontraban el Arca o sus residuos. Esas gentes subieron a la montaña y «fueron saltando de peña en peña como cabras monteses..., y, por cierto, algunos de esos exploradores eran muy viejos». Cuando regresaron dijeron:

–No. Lo sentimos. Creímos poder encontrarla pero esta vez no lo conseguimos. *Inshallah!*

Egerton Sykes es un explorador y escritor inglés, investigador de la prehistoria, veterano de ambas guerras mundiales y viajero asiduo en el Oriente Medio, que ha servido también como subsecretario de la Embajada británica en Polonia. Sus experiencias cuando intentó obtener permiso para su propia expedición al Ararat, ejemplifican las desventajas y los posibles riesgos existentes en unas estrechas relaciones entre un individuo y un Gobierno extranjero.

Durante varios años, Sykes había estudiado las estribaciones del Ararat y su región y había compilado un material documental muy considerable publicándolo después por mediación de su editorial, Markham House Press, Brighton, Inglaterra. Asimismo, había logrado interesar por su expedición a varios exploradores y montañeros. Se proponía marchar hacia el Ararat en 1949. Considerando sus vastos conocimientos sobre la Europa oriental y el Oriente Medio, así como sus dotes lingüísticas y el estar muy familiarizado con exploraciones precedentes y leyendas sobre el Diluvio universal, parecía ser un investigador extremadamente cualificado para analizar el Arca.

Quizá demasiado cualificado. Pues mientras él esperaba el permiso oficial, se transmitió por teletipo al Servicio alemán de Prensa una noticia en donde se expresaba la preocupación del gobierno soviético ante las presuntas actividades de espionaje por parte de Sykes. Él temió que esas nuevas presagiaran el rechazo de su solicitud. Y acertó al suponerlo así. Una vez apareció publicada esa reseña, se le notificó que el permiso había sido denegado. Según sus propias palabras, «*Pravda* y Radio Moscú me atacan con rigor por osar asociarme a lo que es una visita arqueológica totalmente inocente... ¡Lo cual es una verdadera lástima!».

En la Prensa mundial aparecieron muchos comentarios de *Pravda* y Sykes acerca de ese asunto. El editorial de *Pravda* dijo entre otras cosas: «Basta con mirar un mapa para comprender el enfrentamiento bíblico de esos imperialistas angloamericanos... El monte Ararat está situado entre Turquía e Irán, pero domina la Armenia soviética. La expedición de Sykes ha sido financiada para espiar nuestro territorio.» Sykes replicó a eso que el hielo del monte Ararat era suficiente para preservar el Arca durante milenios, pero generaba demasiado frío para que él se sentara allí a «escudriñar con telescopio una vasta superficie pelada de desierto ruso». Un editorial del *Calcutta Statesman* advirtió a Sykes que si se le ocurriera escalar el Ararat se asegurase bien del descenso, porque, de hacerlo por donde no debiera, le estaría esperando la Policía secreta rusa, y a ella no le convencería, probablemente, su condición de arqueólogo aunque llevase consigo las mismísimas reliquias del Arca, pues «...ella cree más, ¡ay!, en los espías que en la Biblia!».

CAPÍTULO VI

Notificación de encuentros con el Arca

Hay ciertas declaraciones de personas que aseguran haber visto el Arca a corta distancia y haberla tocado o incluso haberse llevado trozos de ella para exponerlos. Estos informes de tiempos relativamente modernos han circulado bastante por la Prensa internacional y han sido comentados en numerosos libros. Resulta curioso, sin embargo, que desde las fechas de las dos expediciones rusas durante el Régimen zarista y las expediciones de montañeros americanos, éstos con una mayor motivación religiosa, hasta la actualidad no se haya presentado al público ninguna fotografía mostrando el Arca. Las fotografías que se afirma haber tomado, o bien se han perdido o se las considera demasiado imprecisas, mientras que las fotografías tomadas hasta ahora desde el espacio muestran un objeto demasiado pequeño para permitir un análisis concluyente y unas mediciones que no sean sólo aproximadas.

La falta de pruebas concretas ha surtido poco efecto entre los millones de seres que creen actualmente en la existencia del Arca, sean cristianos, musulmanes o judíos de diferentes partes del mundo, o los pueblos que habitan cerca del Ararat en Turquía, Irán y la Armenia soviética.

Tom McNellis, un representante americano de negocios residente en Alemania, visitó las faldas nordeste y noroeste del monte Ararat durante el verano de 1985, y confirmó la generalización de esa creencia entre los pobladores de la región, en una conversación con el autor, que tuvo como escenario la misma Dogubayazit. McNellis observó que su fluido alemán resultaba muy ventajoso para comunicarse con aquellas gentes, sobre todo con los oficiales turcos veteranos que habían seguido cursos de adiestramiento militar en Alemania o tenían recuerdos y tradiciones de la Segunda Guerra Mundial, así como con hombres más jóvenes que habían buscado empleo en Alemania para regresar al término de su contrato. McNellis observó también que muchos habitantes de las faldas septentrionales del monte Ararat creían que era bastante fácil localizar el Arca.

–No tienen más que seguir la pared izquierda del barranco de Ahora –decían–, y cuando alcancen el extremo del barranco, giren a la izquierda. Allí encontrarán pronto el Arca...

Según se le dijo, el Arca no es visible desde los niveles inferiores, principalmente porque el glaciar o la nieve sobre el glaciar la ha cubierto desde hace miles de años, cuando empezó a descender de lo alto del monte.

Hace ya mucho se sugirió que la clave para avistar o visitar el Arca podía consistir en la existencia de ciertos ciclos de tiempo cálido que ocasionan la licuación alrededor del Arca o por lo menos un *desplazamiento* del hielo circundante lo cual deja entrever durante algún tiempo la gran nave. Habiendo analizado a lo largo de varios años esos ciclos climáticos referidos al Arca, Egerton Sykes opinó que los ciclos más cortos se producían a intervalos de siete años, con ciclos todavía más cálidos cada veinte años más o menos.

En noviembre de 1948, un artículo de la *Associated Press* por el corresponsal Edward Greenwald refirió que un granjero turco llamado Resit (pronunciado *Reshit*) había encontrado, aparentemente, una embarcación sobre la montaña durante uno de esos períodos de tiempo cálido. Esta reseña es especialmente oportuna, puesto que Resit había visitado numerosas veces esa zona sin ver nada parecido en ninguno de sus viajes. La persona que informó a Greenwald no fue Resit sino un hacendado del distrito, Shukru Asena, quien visitó la oficina *AP* en Estambul para notificarle el incidente.

La reseña de Greenwald especificó que Resit había descubierto a una altitud de 3.630/3.960 metros lo que parecía ser la proa de una embarcación sobresaliendo de un desfiladero repleto de hielo y nieve. Resit dijo que la proa tenía «el tamaño aproximado de una casa». El resto del «barco» se hallaba hundido en la nieve y el hielo. (Nota: esta descripción, quizás un fenómeno estacional, es casi idéntica a los informes ya descritos y presentados por el teniente Schwinghammer y otros pilotos del Escuadrón Táctico 428.º) El artículo prosiguió así:

> Resit descendió hasta el objeto e intentó desprender con su navaja un trozo de la proa. Era una materia tan dura que no le fue posible romperla. Estaba ennegrecida con la edad. Resit insistió en que no era una simple formación rocosa. «Yo puedo distinguir un barco cuando lo veo –dijo–. ¡Y éste lo es!» Ésas fueron las palabras pronunciadas, casi exactamente, por David Fasold treinta y ocho años después. Ahora bien, Fasold, con su experiencia como buceador en materia de salvamento, está tan cualificado o incluso más para hacer tal observación.

Alertados por el informe de Resit, los lugareños escalaron la vertiente septentrional del monte e inspeccionaron el extraño objeto con apariencia de barco, reconociendo que, efectivamente, aquello era parte de una embarcación. Esta noticia fue divulgada por los periódicos del mundo entero, tal como sucedió con otros informes sobre presuntos hallazgos del Arca en el monte Ararat. Estos informes dieron un impulso muy considerable a otras expediciones tales como las del doctor Aaron Smith, cuyas vicisitudes han sido descritas en el capítulo precedente. Mas, aunque Resit haya sido muy solicitado, nadie ha podido encontrarle en el Ararat.

Tim LaHaye y John Morris, autores de una obra definitiva

sobre la búsqueda del Arca, *The Ark on Ararat*, sugieren que la desaparición, evidentemente voluntaria, de Resit podría deberse a que, siendo turco y musulmán, el hombre se sentiría reacio a participar en la búsqueda emprendida por un grupo extranjero cristiano, con una fuerte motivación religiosa, y juzgaría más aconsejable perderse en el anonimato.

Entre los diversos encuentros personales con el Arca, el más conocido y sin duda el más divulgado por la Prensa ha sido el de Fernand Navarra, industrial francés de Burdeos y autor del libro *J'ai trouvé l'arche de Noé.* Su carrera y su descubrimiento recuerdan los de Heinrich Schliemann, un próspero hombre de negocios alemán que a la edad de siete años soñó con descubrir Troya, cuando ésta pertenecía todavía al reino de lo legendario. Después de haber hecho una fortuna en Alemania con su negocio de pieles, Schliemann viajó a Turquía, una vez allí contrató equipos de excavación y demostró que la leyenda era cierta excavando en una inmensa loma y encontrando sucesivas ciudades superpuestas, incluida, a cierto nivel, la auténtica Troya de la guerra troyana.

Navarra se sintió no menos fascinado por la leyenda del Arca desde el instante en que se la contaron cuando tenía sólo cuatro años e inmediatamente después de haber sido rescatado de un estanque donde se había caído. Su madre le contó la historia del Arca para calmarle. Él no la olvidó jamás y decidió que algún día la buscaría.

Más tarde, su determinación de buscarla se reafirmó más si cabe al acaecer cierto incidente durante su servicio con el Ejército francés en Siria antes de la Segunda Guerra Mundial. En sus horas libres le gustaba ascender por las colinas y montañas alrededor de Damasco, y durante una de esas excursiones emprendió la escalada del monte Hebrón con un amigo armenio llamado Alim. Éste abandonó antes de alcanzar la cima, pero Navarra continuó hasta la cúspide de 3.630 metros y permaneció allí varias horas. Alim estaba esperándole abajo y pensando ya que Navarra se habría extraviado o estaría muerto, y al verle aparecer se alegró tanto que empezó a contarle todo cuanto recordaba sobre el monte Ararat y cómo su abuelo le había revelado que el Arca era todavía accesible y visible para los escaladores. Luego Alim le instó a escalar el Ararat y encontrar el Arca para el mundo. Esas palabras de aliento inspiraron tanto a Navarra que, al paso de los años, logró acumular abundantes datos e informes sobre el Arca, así como considerables sumas mediante las actividades de su empresa (demoliciones), lo que le permitiría más tarde emplear importantes fondos para su búsqueda.

La primera expedición de Navarra (1952) no le permitió demostrar la existencia del Arca ante el mundo, pero la aparición casual de un inmenso objeto oscuro parecido a un barco debajo del hielo de un glaciar, representó para él una prueba conclusiva de su existencia. Asimismo le proporcionó un punto de referencia (si es que se puede establecer uno sobre un glaciar en movimiento) para expediciones posteriores.

Después de haber solicitado y obtenido en Ankara, tras cierto período de espera, un permiso para ascender al monte Ararat, Navarra, el explorador y alpinista barón Jean de Riquier, Alaaddin Seker, cineasta y escalador turco, más otros tres acompañantes viajaron a Dogubayazit. Desde allí la partida, escoltada a trechos por miembros de la Policía local, pastores y jinetes cuando eran asequibles, emprendieron varias escaladas exploratorias en las caras este y nordeste del monte, algunas veces muy cerca de la frontera rusa, lo cual, en los tiempos que corrían, significaba salirse claramente de los límites. La expedición soportó los percances usuales tales como avalanchas de nieve, violentas ventiscas, tormentas eléctricas, plagas de mosquitos, sacos de víveres rotos o extraviados en el convoy de acémilas, pero pese a esas adversidades se alcanzó al fin la cima del Ararat en agosto de 1962.

Una segunda serie de escaladas por la ruta de Ahora hasta el lago Küp reveló que lo que muchos tenían por una posible Arca era tan sólo una inmensa peña, una curiosidad del paisaje que los monjes de Echmiadzin solían mostrar a los viajeros con el telescopio del monasterio por creer sinceramente que tenían el Arca a la vista. Una vez pasado el lago Küp, la partida prosiguió el ascenso, dejando a algunos de sus miembros en la zona de los 4.455 metros. Navarra y De Riquier continuaron hasta los 4.950 metros, cruzaron un brazo del glaciar, ascendieron una loma y cuando miraron hacia abajo vieron una masa oscura y alargada semejante al contorno de un casco, oculta bajo el hielo de un glaciar. (El sol estaba a un ángulo de 45°, aminorando el reflejo de la luz y haciendo más transparente el hielo.) Otras formas semejantes a vigas debajo del hielo delinearon también el contorno oblongo. Los dos exploradores se plantaron sobre el glaciar, pasaron sobre el objeto oscuro contando los pasos y calcularon que tendría una longitud de 99 a 132 metros. En su libro *J'ai trouvé l'arche de Noé*, Navarra describe sus sentimientos a la vista de aquel fenómeno.

«¿Qué podría ser aquello a semejante altitud en un desierto de hielo? ¿Las ruinas de un edificio, iglesia, refugio o casa jamás mencionadas en ningún relato tradicional ni leyenda, jamás vistas por ninguno de los que suelen visitar el paraje?» Navarra se preguntó si esas vigas no serían los restos de algún avión que se hubiese estrellado en los niveles altos de la montaña, pero, tal como él menciona en su libro, unas vigas tan enormes no han sido empleadas nunca en la construcción de aeronaves. También escribió esto: «Tuve que aceptar lo evidente..., aquellos restos eran los del Arca..., no podían ser de ninguna otra cosa.» Era posible, concluyó, que yo estuviese mirando a través del hielo traslúcido los baos de la quilla o el casco del Arca y cabía suponer que la estructura superior hubiese quedado separada del casco al correr de los años.

Navarra observó que el contorno enterrado parecía conservar la cohesión gracias a unas gruesas líneas rectas que semejaban grandes vigas tal como se emplearían en la construcción de una nave. Pero como las piedras grandes y pequeñas que caían de forma intermitente desde la loma podían hacer demasiado peligrosa la prolongación de ese examen, Navarra decidió retirarse no sin antes tomar las coordenadas de su posición con la mayor precisión posible de modo que pudiera regresar más adelante para una investigación completa de la intrigante sombra debajo del hielo.

Una segunda visita al año siguiente no fue más productiva. Navarra, acompañado por Alaaddin Seker, alcanzó el paraje, pero se vio afectado por el mal de las alturas y tuvo que descender de la montaña. No obstante, resistió lo suficiente para tomar fotografías del objeto a través del hielo, fotografías que, comprensiblemente, no fueron muy convincentes.

De vuelta en Francia, Navarra siguió un curso intensivo de montañismo y continuó practicando con el ascenso a diversas montañas en los Alpes y los Pirineos.

Allá por 1955 regresó a Turquía como un turista ostentoso pues le acompañaron su esposa y sus tres hijos. Aquel viaje tuvo por objeto, exclusivamente, escalar el Ararat y traer alguna prueba decisiva de haber visto o tocado el Arca. El año parecía propicio..., 1955 era un año geodésico, es decir, cuando los glaciares alcanzarían su punto máximo de licuación al cabo de varias décadas. (Fue justamente durante ese año cuando una expedición internacional explorando la Antártida hizo el inesperado descubrimiento de que ésta estaba compuesta por dos masas de tierra y no una, información desconocida para esta época contemporánea aunque se manifestara ya en los mapas de antiquísimos marineros, trazados muchos milenios antes de que se descubriera oficialmente la Antártida y, a todas luces, cuando no estaba cubierta todavía por los hielos.)

Tal vez al objeto de evitar demoras o negativas en la obtención de un permiso para escalar el Ararat, Navarra, acompañado por su familia, se aproximó a su objetivo de forma pausada e indirecta, deseoso de disipar todas las sospechas que pudiera inspirar su verdadero objetivo. (Un escalador en marcha no se llevaría a su esposa e hijos por la peligrosa montaña, máxime cuando el viajar por la Turquía oriental les estaba prohibido a los extranjeros en aquellos días.)

La familia entró en Turquía por Siria, y Navarra tuvo bien presente lo que el cónsul turco le había advertido, que el área del Ararat así como algunas comarcas de la Turquía oriental eran zona prohibida para los turistas extranjeros. No obstante, él atravesó la frontera y prosiguió por carretera hasta el lago Van, en el sector prohibido, mediante el sencillo procedimiento de preguntar el camino. Siguiendo una ruta en zigzag llegaron a Erzurum, una localidad grande camino del Ararat. Cuando hicieron alto allí, Navarra mostró su visado iraní a las autoridades, y como Erzurum está en la ruta hacia Irán se aceptó su aclaración. Consiguieron alojamiento en un hotel de Karakosi a cierta distancia de Dogubayazit, la ciudad más cercana al Ararat, y, una vez establecida su base allí, la familia entera marchó por carretera hacia Dogubayazit saludando cordialmente con la mano (pero sin detenerse) al control policial y recorriendo parte del camino hasta la falda occidental del Ararat. Allí los excursionistas se detuvieron. Navarra y su benjamín, Rafael, once años de edad, emprendieron solos el ascenso acarreando sus provisiones. Habían alcanzado su primera meta sin necesidad de permiso, una táctica poco recomendable para aquella época y que convendría evitar, sobre todo en los años posteriores.

Aparentemente, ese equipo de padre e hijo logró encontrar los «restos del Arca» y realizó una proeza casi igualmente difícil: llevarse un trozo montaña abajo y sacarlo de Turquía. Lo que les aconteció durante sus cuatro días y noches en la montaña, fue un recordatorio del significado de Agri Dagh (montaña del dolor) y también un tributo a la buena forma y la perseverancia de los investigadores, quienes soportaron una tormenta y ventisca súbitas, escalaron crestas y descendieron a barrancos, Navarra recibió un golpe al desencadenarse una avalancha de piedras, aguantaron una nevada dentro de una cueva de hielo durante trece horas esforzándose por evitar la congelación.

Cuando cesó la tormenta y se despejó el cielo, Navarra comprobó que se hallaban sobre el montículo al borde del glaciar bajo cuya superficie él había creído ver el Arca en su primer viaje. Ahora la masa helada mostraba brechas y grietas, algunas con una profundidad entre ocho metros y medio y 10 metros por cuyo fondo el agua fluía, una indicación de que estaba teniendo lugar un deshielo muy considerable. Navarra descubrió encantado unas líneas parecidas a los «baos» que él fotografiara en su primera visita. Pero entonces se le ocurrió que el polvo de la morrena podía haber trazado dibujos debajo del hielo, y si fuera así, él habría fotografiado unos dibujos de polvo volcánico simulando un Arca inexistente.

Su hijo Rafael le sacó del dilema al preguntarle por qué no cortaba uno de esos dibujos. Él siguió el consejo y, descendiendo con una escala de cuerda hasta el fondo de la gruta, vio que debajo del mencionado dibujo de polvo había vigas de madera, una madera trabajada a mano sin la menor duda. Intentó arrancar un trozo del hielo reblandecido, pero aquello parecía estar unido a algo más..., al casco, a juicio de Navarra. Con mucha dificultad, consiguió cortar un bao y sacar a la superficie un trozo de 1'65 metros. Aunque ese éxito le entusiasmara y le convenciera de haber encontrado una muestra del «náufrago más antiguo de la historia universal», Navarra comprendió cuán insuperables serían las dificultades para sacar aquella reliquia de la montaña y del país. Para empezar, cortó el trozo del Arca en tres secciones que distribuyó en diferentes bolsas.

Al pie del monte Ararat los soldados les detuvieron y ordenaron que vaciaran sus mochilas. Se interesaron sobre todo por las cámaras (prohibidas en la montaña) exigiendo que sacaran los carretes, pero menospreciaron los restos del Arca, pues, en opinión de Navarra, los tomaron por leña para hacer fogatas. Aun cuando la «leña» pasara esa inspección, Navarra hubo de explicar por qué se hallaba en zona prohibida sin autorización. Durante una entrevista con el gobernador civil local, él empleó unos términos tan convincentes sobre su interés por el montañismo y, particularmente, por el famoso monte Ararat que el gobernador no sólo disculpó la transgresión sino que le ofreció un permiso para escalar la montaña desde donde él acababa de descender, oferta que Navarra rechazó con toda cortesía.

Antes de regresar a Francia, Navarra y su familia visitaron Egipto y mostraron un trozo de la madera al Museo de El Cairo, Sección Arqueológica, para escuchar su opinión. Se les dijo que la madera tenía entre cinco mil y seis mil años de edad, y el ministro egipcio de Agricultura le dio la fecha aproximada de 5.000 a. de C. y agregó que la ennegrecida viga era de roble. (Conviene observar que el término «madera resinosa» empleado en el Génesis para describir la madera con que se construyera el Arca, ha sido calificado generalmente por los científicos de *roble blanco*. Y como no se encuentra ningún roble blanco cerca del monte Ararat ni en 800 kilómetros a la redonda, parece lógico suponer que cualquier embarcación de roble blanco habría sido construida a considerable distancia del Ararat y habría sido transportada hasta allí por seres humanos, o bien una ola inmensa la habría arrastrado hacia la montaña.) Mediante los análisis con el empleo del carbono-14 así como otros métodos para calcular la edad de la madera, empezaron a llegar datos de diversas procedencias: las Universidades de Madrid y Burdeos (entre 4.000 y 5.000 años), la Universidad de California (1.250 años) y el laboratorio de la Universidad de Pennsylvania con una estimación menos favorable (560 d. de C.).

Conviene recordar que el calcular la edad de objetos antiguos hechos con madera o con cualquier otra materia orgánica mediante el método del carbono-14 tiene sólo un valor aproximativo. El carbono no se descompone siempre con arreglo a un proceso previsible y algunas veces los residuos industriales o combustibles pueden hacer que un objeto de madera sea catalogado, si se le aplica la carbonización *in situ*, con mucha más antigüedad de la que jamás podría tener. Así se ha demostrado haciendo pruebas de carbono-14 a las ramas caídas de los árboles que flanquean las ***autobahnen*** de Alemania, árboles cuya plantación tuvo lugar una vez terminadas las autopistas. Las técnicas actuales para calcular la antigüedad son mucho más minuciosas de lo que solían ser e incluyen estudios atómicos y arqueomagnéticos, espectroanálisis, pruebas de potasio-argón y termoluminiscencia. Sería interesante examinar los fragmentos del Arca, si queda alguno disponible después de las pruebas precedentes, para determinar con más exactitud cuál es su antigüedad. Porque, si bien los exámenes de la madera sometida por Navarra atestiguan una antigüedad considerable aunque variable según los lugares en donde se la analizó, las correspondientes fechas se remontan sólo a un período de la historia universal clasificada y no a una era legendaria donde grandes cataclismos sacudieron e inundaron la Tierra, a menos, claro está, que una congelación profunda de la madera atajara la descomposición del carbono-14.

Navarra, cuya fama tenía ya resonancia mundial a esas alturas, volvió varias veces al escenario de su hallazgo después de 1965. Se trajo más madera, pero, en ocasiones, hubo cierto aire de misterio sobre el lugar donde la hallara. Algunos exploradores del Ararat y escritores sobre el Arca insinúan que parte de la madera encontrada últimamente por él provino de España, la transportó hasta lo alto del monte y entonces la «descubrió en sus pendientes más altas debajo del hielo». Asimismo, la competente archivera y autora Violet Cummings *(Has anyone Really Seen Noah's Ark?)*, esposa de Eryl Cummings, escalador del monte Ararat y poseedor del archivo más completo sobre la búsqueda del Arca, ha señalado que, en escaladas posteriores, Navarra pareció conducir a las partidas exploradoras hacia otros lugares de la montaña alejados del área que él había descrito.

Ahmet Ali Arslan actuó como guía en una de las escaladas de Navarra junto con Bud Crawford y un intérprete de francés e inglés en 1968. Arslan expresó gran admiración por Navarra como alpinista y explorador experto, y se mostró agradecido por lo que Navarra le había enseñado sobre montañismo. Él describe a Navarra como un hombre jovial, generoso y entusiasta aunque no haya podido apreciarlo directamente pues Navarra hablaba el francés sólo a través del intérprete.

Aquella partida estuvo en la montaña unas dos semanas. Cuando se hallaban en las pendientes superiores cerca del lago Küp, ocurrió un incidente que no se aclaró jamás. Un día Navarra desapareció inesperadamente del campamento. He aquí la versión de Arslan:

> Él desapareció sin decir adónde iba. Cuando transcurrieron varias horas desde su marcha, empecé a preocuparme. Incluso un montañero experto como él podía sufrir un accidente, tal como despeñarse por un precipicio o caer en un pozo de hielo y quedarse allí. Al cabo de unas cuantas horas, Navarra regresó. No explicó adónde había ido ni lo que había hecho. No sé lo que le diría a su intérprete. Cuando le pregunté, no obtuve respuesta alguna...

Aunque se hayan encontrado trozos de madera en las pendientes sin árboles y cubiertas de nieve, algunos han sido llevados allí, sin duda, por los escaladores para encender una hoguera. Pero los trozos de leña más o menos pesados no tienen nada que ver con los grandes maderos empleados para la construcción de naves o barcazas. Tales maderos han sido hallados en altitudes bastante próximas a la cumbre por montañeros curdos o turcos. Estos escaladores no suelen dar parte de semejantes hallazgos (salvo en el caso de Resit que anunció haber encontrado un barco entero), pues ellos estiman que eso representa sólo una corroboración más de algo sobre lo que ya están enterados, es decir, la existencia de una gran nave en Ararat.

Ismaïl Vural, un fabricante jubilado residente en Aralik, ciudad situada sobre la cara nordeste del Ararat, ha pasado casi toda su vida en esa comarca. Se le puede calcular la edad por la circunstancia de que él recuerda el período de la Primera Guerra Mundial. Por aquel tiempo, Vural no participó en la guerra pero sí en una redada para recobrar el rebaño ovino de la familia que unos pastores habían robado en la montaña aprovechando los confusos tiempos de aquella contienda. El clan, capitaneado por su tío, cercó la aldea de los ladrones y recuperó el rebaño... con intereses. Vural tiene recuerdos muy vivos acerca del lejano incidente. «Nosotros nos vengamos. Lo recuerdo todo.»

Sus recuerdos son también muy claros respecto al objeto que él encontró cerca de la cima del Ararat en 1939. Ahmet Ali Arslan entrevistó en turco a Ismaïl Vural en su casa de Aralik el mes de agosto de 1985.

Pregunta: *¿Cuándo y por qué decidió usted escalar el monte Ararat?*

Fue en 1939. Los soldados llegaron aquí para practicar montañismo. Nuestra gente les preguntó si habían llegado hasta la cima, y ellos aseguraron haberlo hecho, pero nuestra gente no les creyó. Un hacendado llamado Fassan había sido despedido, literalmente, de la montaña por los fuertes vientos, y éste era el motivo por el que se creyera imposible de escalarla. Mi tío, Mehmet Ali, que había subido con él, nos refirió lo ocurrido. Cuando habían alcanzado ya las pendientes superiores, el viento se apoderó de Fassan y lo proyectó fuera del monte. El hombre salió despedido al vacío y siguió cayendo como un trozo de algodón. Aunque los soldados aseguraran haberlo escalado, nuestra gente dijo que el monte de Nuh (Noé) no se dejaría escalar y seguiría guardando sus secretos.

¿Es que usted pensó de otra forma?

Sí. Yo advertí a unos cuantos amigos que podían estar equivocados porque los soldados turcos no mentirían sobre el resultado de una misión. Así que les dije:

–Unámonos a ellos y averiguaremos si llegaron verdaderamente hasta la cumbre.

Nos incorporamos a un grupo militar de Kars. Obtuvimos permiso del comandante local, quien se negó primero porque nosotros no pertenecíamos al Ejército, pero luego cambió de idea.

Un teniente estaba al mando, auxiliado por un subteniente llamado Sevket. Nosotros subimos al Sardar Bulak y otro grupo militar escaló el Ararat menor. Nos dieron anoraks y botas de escalador, pero yo no las quise. Cuando subimos al Ararat, yo fui con los oficiales siguiendo las huellas de los soldados que iban delante.

Cuando nos hallábamos ya cerca de la cima, quizás a unos diez metros, busqué un lápiz para escribir mi nombre y la fecha, pero no pude encontrarlo. Entonces vi una gran viga surgiendo de la nieve..., tendría unos tres metros de longitud.

¿Cuál era su aspecto?

Ambos costados estaban trabajados a mano y mostraban señales de un hacha afilada. La viga era gruesa y cuadrangular, no redonda. Se le había hecho una ranura para que encajara alguna otra pieza en ella. Miré a mi alrededor por si había alguna otra pieza, pero, de haberlas, estarían enterradas bajo la nieve.

¿Pensó usted que aquello podría ser un trozo del Arca de Noé?

En aquel momento, no. Me dije: «¡Por Alá! ¡No nos será posible llevar esto a cuestas con tanta facilidad como nuestro equipo! ¿Quién habrá sido el estúpido *hamal* (mozo de cuerda) que acarreó esta viga hasta lo alto?» Si el Arca de Noé me hubiese rondado por la cabeza, jamás se me habría ocurrido abandonarla allí. Más tarde oí decir a otros escaladores que allí había varias piezas bajo el hielo.

Comimos algo de nuestras provisiones y luego nos lavamos con nieve la cara, las manos y el pecho porque aquello era un lugar sagrado.

¿Qué pasó con la viga?

Varios años después, un grupo de amigos la encontró y la dejaron allí. Luego, muchos años más tarde, unos escaladores franceses hicieron esa ascensión y encontraron madera, y sobre esto escribieron nuestros periódicos. Ignoro si se trataba de la misma madera.

¿Por qué no les habló a esos extranjeros de la madera que había encontrado usted?

Se lo habría dicho si me hubiesen preguntado. No me preguntaron nada.

¿Acaso la gente que vive alrededor de la montaña cree en el Arca de Noé y piensa que quizás usted haya encontrado un trozo de ella?

No sólo yo, sino también todos los habitantes de estas localidades lo creen. Nuestros abuelos y nuestros bisabuelos lo han creído desde fechas lejanas. Es tal como se lo he contado a mi hijo. Esto es una montaña sagrada, y el Arca de Nuh está cerca de la cumbre, y allí seguirá porque así lo ordena Alá. Ése es el secreto de la montaña, y la montaña guardará su secreto.

Algunos moradores pasados y presentes de las aldeas situadas sobre el monte Ararat han asegurado haber visto o incluso tocado el Arca, si bien ninguno de ellos ha explicado sus experiencias a la Prensa, probablemente para preservar el secreto o por motivos de religión y acaso de seguridad personal. George Hagopian, citado en el capítulo III, un armenio nacido cerca del lago Van, anteriormente soldado del Ejército turco, más tarde refugiado y prisionero en la URSS y por último ciudadano americano, no reveló su propio peregrinaje al Arca hasta 1970, una época en que las crónicas sobre el Arca suscitaban el interés creciente de la Prensa mundial. Comprensiblemente, resulta difícil admitir que un testigo solitario diga la verdad escueta sobre algo que él viera con sus propios ojos o experimentara hace más de medio siglo, sobre todo acerca de algo tan legendario como el Arca. La experiencia de Hagopian, referida a un amigo, interesó a la organización SEARCH, y Eryl Cummings, Elfred Lee y René Noorbergen se reunieron con Hagopian y le entrevistaron. Lleno de aplomo y sinceridad convincente, él les relató sus encuentros con el Arca cuando era un muchacho. Repitió y elaboró su historia en una serie de entrevistas, respondiendo a las preguntas que se le hicieron a intervalos durante un año y medio. Siguió dando respuestas inequívocas en un inglés pintoresco aunque inteligible. Colaboró con Elfred Lee, fotógrafo y pintor así como investigador, ayudándole a hacer bosquejos de lo que él había visto y recordaba con suma claridad.

Fue en 1908 y tenía ocho años de edad, según contó él, cuando su tío le llevó al Ararat. A lo largo del camino, dejaron atrás el barranco Ahora y la tumba de San Jacobo. Cuando aumentaron las dificultades del ascenso, su tío se lo cargó sobre los hombros hasta que se detuvieron ante algo que semejaba una gran embarcación encima de una cornisa rocosa sobre un despeñadero y cubierto en parte de nieve. Tenía aberturas como ventanillas a lo largo del costado y un boquete grande en el techo. Al principio, Hagopian había pensado que aquello sería una casa de piedra, pero cuando su tío le señaló el perfil de los tablones y le dijo que el objeto estaba hecho de madera, él comprendió que era el Arca, tal como se la describieran diversas personas. Su tío le alzó hasta una peña para que pudiera alcanzar el techo del Arca y le dijo que no se asustara «porque era una nave sagrada... (y porque) ni los animales ni los seres humanos estaban ya allí. Todos se habían ido». Hagopian se encaramó al techo y, poniéndose de rodillas, besó la superficie del mismo que era lisa y cómoda para caminar por encima.

Mientras permanecían inmóviles ante el Arca, su tío disparó contra el costado, mas las balas rebotaron como si fuera de piedra. Luego intentó cortar un trozo de madera con una navaja muy afilada, pero tampoco tuvo éxito. En esa primera visita al Arca se pasaron dos horas contemplándola y comiendo algunas de sus provisiones. Cuando Hagopian regresó a la aldea deseoso de contar su aventura a los otros muchachos, la respuesta de éstos le causó cierta desilusión. «Sí, también la hemos visto nosotros.»

Hagopian murió en 1972. Como él no supo interpretar los mapas, fue incapaz de señalar en un plano de la montaña el lugar donde había visto el Arca y se había encaramado a ella. Sin embargo, aseguró una y otra vez a sus interlocutores que si él volviese al monte Ararat podría conducir a una partida hasta el Arca. Aunque su testimonio saliera airoso de un análisis para descifrar las modulaciones de la voz, no es infrecuente que un informe como éste, proveniente de una sola persona, sea desestimado por falta de pruebas corroboradoras presentadas por más testigos. Pero aquí existe la corroboración del teniente (ahora capitán) Schwinghammer, quien volando con un aparato perteneciente al 428.° Escuadrón táctico de Observación (véase el capítulo III) avistara un objeto similar a una embarcación.

En 1983, Schwinghammer había pedido a un pintor amigo suyo que, siguiendo sus indicaciones, hiciera un boceto de lo que había visto antes de que se hiciera demasiado borroso en su memoria. Por su parte, Elfred Lee había dibujado con todo detalle, mientras se interrogaba a Hagopian, la nave que éste asegurara haber visto sobre la montaña (véase ilustración).

Este dibujo había sido hecho en presencia de Hagopian y bajo su dirección. Schwinghammer no conocía la existencia de Hagopian ni sabía que se hubiese hecho un dibujo del Arca vista por él, y lo mismo cabía decir de Hagopian respecto a Schwinghammer.

El autor había pedido al capitán Schwinghammer que le enviase una copia de su dibujo, y cuando éste lo hubo hecho así, recibió por correo casi al mismo tiempo y sin haberlo solicitado la imagen de la versión Lee-Hagopian. Ante el asombro de Schwinghammer los dos bocetos resultaron ser, esencialmente, iguales: el Arca tenía la misma posición sobre la montaña y ambas representaciones mostraban una embarcación o barcaza rectangular sobre una cornisa al borde de un precipicio.

Cuando Schwinghammer vio el dibujo dijo:

–Esto es, exactamente, como lo que vi yo. Aquel objeto formaba el mismo ángulo sobre la montaña y su posición era la misma. La única diferencia es que yo no percibí ninguna ventana a lo largo de la parte superior.

El Arca de Noé descansando junto a un precipicio del monte Ararat. El dibujo es de Elfred Lee, de acuerdo con una descripción facilitada por George Hagopian, quien aseguraba que, de muchacho, fue a ver el Arca con su padre y trepó hasta su techo. Dibujo © de Elfred Lee.

Esto parece comprensible si se considera la velocidad y la altitud del avión, así como la circunstancia de que el objeto estaba cubierto en parte por la nieve.

Quizás el aspecto más sorprendente del testimonio de Schwinghammer sea que su observación fue hecha por la cara nordeste del monte Ararat, desde donde Hagopian, Navarra y otros aseguraron haber visto el Arca perdida. Aunque Schwinghammer no citara ni siquiera conociera el barranco de Ahora, su vuelo le había aproximado al Ararat desde el sur y había proseguido alrededor del pico en dirección contraria a las agujas del reloj por el este y nordeste; a mitad de camino fue cuando vio el «objeto», un trayecto que le habría situado en las proximidades del glaciar de Parrot sobre el barranco de Ahora.

Durante estos últimos años, el interés del público ha sido reavivado por una serie de artículos publicados en revistas religiosas, geográficas y científicas (manifestándose favorables o contrarios a la existencia del Arca, aunque mayormente contrarios en las publicaciones científicas), reseñas de la Prensa diaria, libros documentales e incluso novelas y filmes recientes refiriéndose al Arca y cuya distribución por el mundo entero ha sido notable.

Incluso la comunidad científica, que durante largo tiempo había considerado con escepticismo humorístico o desdeñoso los informes sobre la realidad del Arca o los había tenido por cuentos apropiados sólo para niños, ha dado muestras de interés por una posible construcción enterrada en las alturas del Ararat. El actual editor científico del *New York Times*, Walter Sullivan, escribió una crónica referente al Arca de Noé (26 de febrero de 1970) diciendo entre otras cosas que el Instituto Ártico de Norteamérica, «probablemente el servicio polar más relevante de este Continente», había decidido cooperar con una expedición al Ararat ayudándole a retirar una capa de hielo que, según se informaba, cubría unas «cincuenta toneladas de maderos» a una altitud de cuatro mil seiscientos metros. El artículo mencionó las vigas descubiertas por Navarra pero se cuidó mucho de sugerir abiertamente que los susodichos maderos perteneciesen al Arca, mencionando tan sólo que el interés científico había sido suscitado por la «evidencia de que algo parecido a una estructura, aparentemente grande, existió hace mil trescientos años cerca de la cumbre (del Ararat)».

Una publicidad de alcance mundial sobre el Arca de Noé ha impulsado cada año hacia Dogubayazit a un número creciente de buscadores del Arca, exploradores, montañeros, miembros de grupos religiosos, arqueólogos, personal de la Prensa mundial, equipos de televisión y turistas, todos ellos dedicados, en diversa medida, a la búsqueda del Arca para verla o refutarla. Estas gentes llegan a Dogubayazit durante los últimos meses de verano, cuando sobreviene el máximo deshielo de glaciares y campos helados..., un fenómeno anual que contribuye a la prosperidad de Dogubayazit y a tener al completo los escasos hoteles. Cabe suponer que si se abrieran al público las otras localidades alrededor de la montaña, el hecho se repetiría en Igdir, Aralik y Ahora.

Durante los últimos dieciocho años se concibieron varios proyectos muy ambiciosos para buscar el Arca, pero no se pudieron llevar a cabo por diversos motivos tales como retención de los permisos de montañismo, delicada situación internacional en la frontera oriental de Turquía, actividad de disidentes por la montaña y, frecuentemente, períodos demasiado cortos de escalada por el retraso en la obtención de permisos.

Algunos de dichos proyectos revelan gran determinación e imaginación. En 1967, es decir, antes de que la montaña fuera declarada zona prohibida (década de los setenta), la ARF (Archeological Research Foundation: presidente, George Vanderman), propuso un presupuesto de un millón de dólares para una expedición el año 1968 cuyo viaje sería filmado en colaboración con Cinerama. Mientras estuviesen en la montaña los expedicionarios se comunicarían entre sí mediante radioteléfonos portátiles y emplearían grandes tractores para remolcar pesadas caravanas. Como quiera que fallase la conexión Cinerama, se encargó de la misión una expedición más modesta que logró descubrir madera. Otra organización, SEARCH (Scientific Exploration and Archaelogical Research) informó tras un reconocimiento preliminar en 1970 que el Instituto Ártico de Norteamérica estimaba necesario retirar del área investigada 900.000 metros cúbicos de hielo y morrena. Ralph Crawford, presidente de SEARCH, calculó que se había gastado ya 30.000 dólares en investigación y que el coste de retirar la morrena caída desde el precipicio y cubriendo el objeto, sería superior al millón de dólares. Se advirtió que se necesitaría maquinaria pesada y que el material de excavación debería ser transportado con helicóptero.

Un aviador muy conocido, Louis McCollum, propuso un plan para localizar el Arca y efectuar excavaciones mediante el empleo de aeronaves no sólo para la observación, sino también como herramientas de trabajo. McCollum, propietario y director de «McCollum Aviation», empresa de vuelos *charter* y venta de aeronaves, piloto de gran experiencia y amplios conocimientos sobre las potencialidades de la aeronáutica, se ofreció a cooperar con SEARCH en una expedición aérea para buscar el Arca y averiguar si ésta se hallaba en algún barranco cubierta de hielo y nieve o debajo de un glaciar en la montaña. Pensó utilizar un helicóptero de gran potencia para el transporte de personal y equipo hasta el presunto emplazamiento del Arca, evitando así la pérdida usual de un tiempo inestimable mientras se ascendía en pleno deshielo hacia la demarcación de la nieve. Por otra parte, se transportaría el propio helicóptero hasta Turquía en un avión de carga DC-7.

Durante el período de espera, originado por las demoras en la obtención del permiso y de otras autorizaciones, McCollum aprovechó su asistencia a una cena con el presidente Nixon para informar sobre su proyecto al Presidente y solicitar su ayuda. Nixon le remitió al Departamento de Estado quien, a su vez, le aconsejó «congelar» el proyecto hasta que llegara a aquella zona del mundo un clima político internacional más seguro que el del bienio 1970-1971.

Más tarde, McCollum expuso los rasgos característicos de su plan respecto a la forma de encontrar el Arca en una entrevista con Dave Balsiger y Charles Sellier quienes la reprodujeron en su libro *In Search of Noah's Ark*, y más adelante explicó al autor durante varias conversaciones telefónicas su participación en un proyecto de exploración conjunta utilizando helicópteros. El plan McCollum incluyó el empleo de un helicóptero «Bell 47G3B-1» para el transporte (media tonelada por vuelo) de hombres y material hasta un total inicial de 20/30 toneladas a un campamento en el banco de hielo. La excavación en el área prevista se iniciaría mediante potentes perforadoras con testigo para determinar el contorno de la embarcación, luego se efectuarían varias perforaciones entre esas líneas para buscar despojos de animales, huesos y restos de víveres congelados. Después de esas pruebas preparatorias se emplearía un soplete especial para abrir un túnel desde la superficie hasta el Arca, y una vez abierto ese paso lo suficiente para que el personal investigador trabajara en el fondo se colocaría sobre la boca una cápsula geodésica, a lo que seguirían más túneles y más cápsulas que permitieran a los investigadores actuar en un medio controlado sin quedar expuestos a los desprendimientos de rocas, nieve y hielo.

McCollum murió antes de que se ensayara ese inusitado proyecto. Sea como fuere, es dudoso que se hubiese permitido semejante excavación en la montaña, teniendo en cuenta las frecuentes protestas soviéticas sobre la actividad ante la frontera de Armenia, junto a la URSS (República Socialista Soviética). Era previsible y natural que Rusia condenase las excavaciones a gran escala en la parte del monte que miraba hacia la Unión Soviética. Habiendo bloqueado con éxito la participación en una expedición al Ararat de Egerton Sykes, escritor y experto conocedor de esa zona, los soviéticos parecen considerar ahora a todas las expediciones exploratorias americanas en el monte Ararat como actividades de la CIA, y ello es una de las razones para prohibir las partidas de escaladores extranjeros por la cara nordeste del monte.

Resulta paradójico que, si se considera el talante antirreligioso del Gobierno soviético, la exploración rusa del Ararat haya desempeñado un papel tan importante en la búsqueda del Arca. Esto ha sido cierto desde el primer ascenso afortunado de Parrot, luego con los atisbos del Arca notificados por pilotos militares y unidades de infantería e ingenieros durante la Primera Guerra Mundial, y finalmente, más observaciones sobre el Arca durante la Segunda Guerra Mundial, esta vez por pilotos soviéticos sobrevolando el monte Ararat, quienes se lo comunicaron a unos aviadores aliados e incluso, según se dice, mostraron fotografías del Arca; y también por el comandante ruso de una unidad de camuflaje (comandante Jasper Maskelyn) quien envió un destacamento al monte Ararat, lo que confirmó el informe presentado por las Fuerzas Aéreas de la Rusia imperial el año 1916.

La actual política oficial del Soviet se opone por lo general a la enseñanza y divulgación de la religión, y con todo énfasis a la verificación de una leyenda religiosa que podría influir sobremanera en la renovación de las creencias religiosas. Pero la política general soviética no ha afectado a la religión en Armenia. El monte Ararat es visible, claramente, desde Erivan, capital de la República Socialista Soviética de Armenia, y representa para los armenios un recordatorio constante de Noé y el Arca, del Diluvio y de Ararat, llamado Massis en armenio... «la Madre del Mundo».

CAPÍTULO VII

Las mareas que anegaron el mundo

La historia de una gran inundación y la supervivencia de un hombre junto con su familia y sus animales en un arca o embarcación (y otros medios según versiones distintas) ha existido en leyendas y cuentos populares durante más de tres mil años, y quizá se remonte a once mil años atrás... lo cual coincidiría con la época del deshielo de los últimos glaciares. Las memorias ancestrales de los pueblos del mundo comparten esta leyenda con ligeras variaciones desde las edades anteriores a la historia. Actualmente, nosotros no sabemos desde cuándo ha existido el hombre en un estado civilizado sobre la Tierra (aunque nuestros cálculos profundicen de año en año con los nuevos descubrimientos) antes de que una catástrofe tremenda cambiara la faz terrestre matando a casi todos los pobladores de la Tierra, animales y humanos.

Las leyendas que nos han llegado a través de los siglos indican que el mencionado cataclismo fue, o bien un diluvio universal o la acción combinada de inundaciones, incendios y sacudidas de la tierra. Se ha sugerido que una colisión con un asteroide o el desplazamiento y posterior fusión de los glaciares y los casquetes de hielo ocasionaron la declinación del planeta, el corrimiento de cordilleras así como el hundimiento de masas terrestres en los océanos. Según lo representan con frecuencia las leyendas prehistóricas, dicho acontecimiento causó la muerte de *todos* los seres humanos y animales salvo aquellos que se hallaban cobijados en el arca o en una embarcación, o quienes se salvaron por otros medios de supervivencia. En casi todos los casos, Dios o las deidades particulares habían advertido a esos afortunados que la ira del cielo destruiría muy pronto a la raza humana y que ellos deberían construir una embarcación antes de que se produjera el diluvio. Luego, cuando las aguas hubieron remitido, los supervivientes abandonaron su embarcación o refugio y procedieron a repoblar la tierra. Hay más o menos seiscientas versiones de esta leyenda entre las antiguas naciones y tribus, y la historia ha sido referida a través de los milenios en todos los rincones del globo. Las variaciones existentes en la reseña de tal catástrofe obedecen principalmente, según cabría esperar, a modificaciones regionales de la misma historia tales como la descripción del arca, los motivos del desagrado divino, el camino marcado para el salvamento de los individuos elegidos, e incluso la posibilidad de que esa fatalidad se produzca otra vez. El nombre del principal protagonista, Noé, es fácilmente reconocible en hebreo y en las lenguas de los mundos cristiano y musulmán (*Nuh* en árabe).

La historia del Diluvio, de Noé y el arca ocupa tanto espacio en el Génesis como todos los episodios que le anteceden, incluidos los días de la Creación, Adán y Eva, el Jardín del Edén, etcétera. Tal vez sea porque, mientras que la creación del mundo y el Jardín del Edén quedan descritos a grandes rasgos, se relata con minuciosidad considerable los acontecimientos de la inundación, casi como si alguien lo hubiese vivido durante el tiempo de la catástrofe y lo hubiese padecido todo como un testigo ocular.

El primer ejemplo está en la Biblia donde se dan dimensiones exactas, descripciones y períodos de tiempo, donde se facilitan referencias geográficas, se pormenoriza cómo fue construida la embarcación para sobrevivir e incluso se trata del cargamento asignado a la gran nave. La longitud, amplitud y altura exactas del Arca así como su forma siguen constituyendo hoy día una guía para los rastreadores modernos del Arca y una oportunidad para que, quienes aseguran haberla visto, apliquen un modelo moderno (en metros) a sus medidas antiguas (en codos).

(Aunque el famoso matemático y científico Sir Isaac Newton no visitara jamás el Ararat, logró determinar mediante una serie de cálculos hacia fines del siglo XVII que el Arca medía 201,83 metros de longitud, 28,12 de amplitud, 17,01 de altura entre la quilla y la cubierta superior y pesaba, vacía, 18.231,58 toneladas.)

Con los conocimientos arqueológicos que tenemos hoy a nuestra disposición, resulta evidente que las reseñas judeocristiana y musulmana sobre el Diluvio se remontan por sus antecedentes a las tradiciones de unas razas más antiguas del Oriente Medio: sumerios, babilonios, asirios, egipcios, hititas, hurritas y otros pueblos primigenios que estaban familiarizados con la misma tradición y la habían registrado en un período muy anterior de la historia. Esto no se supo hasta la última parte del siglo XIX, cuando se encontraron referencias sobre la inundación en antiguas tablas cuneiformes.

Se escribían los caracteres cuneiformes grabando las letras en arcilla blanda y luego solidificando ésta mediante la cocción, con lo cual la tabla era, prácticamente, indeleble a través del tiempo. De hecho, cuando se conquistaban e incendiaban algunas de las ciudades, esas tablas sometidas a la acción del fuego se endurecían todavía más.Pero aquel gran archivo del Oriente antiguo siguió siendo un misterio porque se había perdido la clave secreta de su traducción desde la desaparición de los antiquísimos imperios de Babilonia, Asiria y Persia.

Aunque los palacios y templos se hubiesen desvanecido, las tablas y los adobes estaban todavía desperdigados en grandes montones así como unos cuantos monumentos de piedra. Las excavaciones junto a las ruinas desenterraron miles de inscripciones adicionales. Los pobladores árabes asentados sobre las ciudades enterradas, cogieron grandes cantidades de adobes grabados para construir casas y recintos provisionales. Una vez desaparecidos esos imperios antiguos, se perdió durante milenios el secreto para descifrar su lenguaje escrito. Se habrían perdido incluso los nombres de las ciudades y de sus gobernantes si éstos no hubiesen mantenido contacto con los hebreos, ni se los hubiese mencionado en la Biblia. Nadie supo lo que significaban las extrañas marcas. Incluso los viajeros europeos y los buscadores de tesoros interesados en el área, las tomaron por una forma intrincada de ornamentación.

Pero hacia finales del siglo XIX, y, principalmente, gracias al afán de diversos arqueólogos británicos y alemanes, interesados por la vanidad de soberanos persas desaparecidos, quienes hicieron grabar sobre roca y en varias lenguas cosas grandilocuentes acerca de sí mismos, y por el tesón de un gobernante asirio quien compilara los diccionarios bilingües y trilingües hallados en las ruinas de Nínive, se pudo descifrar los secretos de los idiomas olvidados y hacer revivir la historia y la literatura perdidas después de dos mil quinientos años.

La traducción de ciertas tablas tiene una relación directa con la historia del Diluvio y ha dejado entrever una coincidencia notable.

Cuando se desató aquel enorme entusiasmo en la era victoriana por las excavaciones de las grandes ciudades enterradas de Mesopotamia, un joven y experto filólogo inglés, George Smith, estaba trabajando con una tabla rota que había sido enviada al British Museum para su traducción. Mientras realizaba aquel trabajo observó que el significado del texto parecía descifrarse con más facilidad que de costumbre, casi como si él mismo supiese de antemano lo que seguiría, y en realidad fue así. Pues él estaba leyendo allí la conocida historia del Diluvio universal escrita por un asirio. El nombre de Noé y los de los dioses eran diferentes pero la reseña era, evidentemente, la misma. El experto no pudo concluir la traducción porque aquella tabla estaba rota y tal vez el resto se hallase todavía en las ruinas de Nínive, cubierto por el suelo arenoso de Mesopotamia.

El descubrimiento causó sensación, ya que se suponía, por lo general, que la historia de Noé se iniciaba con la versión judeocristiana tan conocida por todo el mundo. El interés público alcanzó tales cotas que el *London Daily Telegraph* organizó una expedición para facilitar a George Smith sus pesquisas en las propias ruinas de Nínive donde, aunque parezca mentira, él encontraría el resto de la tabla para completar la historia.

La traducción de Smith fue una parte de lo que se denomina ahora la epopeya de Gilgamés, una copia de la que ha sido encontrada entre las tablas de la Biblioteca del rey Asurbanipal, en las ruinas del palacio real de Nínive. Allí se hace referencia a Gilgamés, una figura heroica sumeria y semidiós común a las mitologías sumeria, babilonia y asiria, que viaja al otro mundo para buscar el secreto de la vida eterna. Allí se encuentra con Ut-napishtim, el Noé sumerio que le cuenta la historia de la inundación y le refiere cómo sobrevivió al Diluvio construyendo una gran nave con la que salvó a sus familiares, amigos, animales y plantas..., «semillas de vida» a partir de la llegada de las aguas arrolladoras.

El siguiente extracto de la traducción de Smith muestra la extraordinaria semejanza entre esta reseña y la del Génesis. Ahora bien, según hace constar Egerton Sykes, la circunstancia de que el relato sobre la inundación bíblica se asemeja al de la antigua Babilonia, no significa que los judíos lo hayan copiado, sino tan sólo que es una versión diferente del mismo suceso presenciado por otro grupo superviviente con distinto punto de vista.

En la versión de Gilgamés se cita a Ut-napishtim hablando en primera persona a Gilgamés:

> Mandé embarcar en la nave a toda mi familia y a mis amigos,
> las bestias del campo, los rebaños del campo, los artesanos, a todos les hice embarcar.
> Yo entré en la nave y cerré la puerta...
> Desde el origen del cielo se elevó una

nube negra...
Todo lo que era brillante se tornó oscuro...
Los dioses temieron la inundación,
huyeron y ascendieron al cielo de Anu.
Los dioses se apretaron como un perro contra la pared,
se acurrucaron...
Durante seis días y sus noches
el viento y la inundación progresaron, el huracán subyugó a la tierra.
Cuando amanecía el séptimo día, el huracán remitió, y también la inundación
que había librado una batalla como si fuera un ejército:
la mar se tranquilizó, el viento maligno se calmó, la inundación cesó.
Yo contemplé la mar, su voz había enmudecido
¡y toda la especie humana se había transformado en fango!
¡La ciénaga alcanzaba hasta los tejados!
Yo contemplé el mundo, el horizonte del mar;
A doce medidas surgió una isla;
La nave llegó al monte Nisir;
El monte Nisir retuvo a la nave y no la dejó moverse...
Cuando llegó el séptimo día,
yo saqué una paloma y la solté;
la paloma voló pero regresó,
como si no hubiera lugar donde posarse, regresó.
Envié una golondrina que regresó,
como si no hubiera lugar donde posarse, regresó.
Yo saqué un cuervo y lo solté;
el cuervo voló y notó el descenso de las aguas;
comió, chapoteó, graznó y no volvió.

Aunque la paloma y el cuervo aparezcan citados en la Biblia y en la epopeya de Gilgamés, la paloma bíblica con su rama de olivo aporta un mensaje de esperanza, mientras que el cuervo de la versión sumeriobabilónica se mantiene a distancia de la nave porque ha encontrado cadáveres a la deriva, víctimas de la inundación y se sacia con ellos.

Smith prosiguió con su ardua tarea de traducir las tablas asiriobabilónicas hasta encontrar la muerte a la edad prematura de treinta y seis años, según se dice, por descuidar su salud y sobrecargar el cerebro. Pero su éxito le resarció con creces mientras vivió, sobre todo cuando manifestó al vislumbrar la luz:

–Soy el primer hombre que lee este texto después de dos mil años de olvido.

Unas tablas distintas (hay millares de ellas esperando su traducción en el Museo Británico) revelaron, entre otras cosas, diversos datos del Arca. Ello denotó que el relato de la inundación era muy conocido en el Oriente Medio y se le consideraba como parte de la historia aunque su principal protagonista tuviera un nombre diferente en cada caso y no el de Noé.

El sacerdote e historiador caldeo Beroso escribió que el superviviente de la inundación había sido Xisuthros (Ziusudra en babilónico), presuntamente el último rey dinástico antes del Diluvio. Xisuthros fue alertado por el dios Cronos quien le ordenó construir una nave inmensa para llevar en ella a su familia junto con animales, amigos y víveres. Con elogiable inclinación como historiador por los archivos, Beroso especifica también que Cronos (nombre griego del dios y asimismo nombre legendario del último rey de la Atlántida) ordenó a Xisuthros que recogiera las tablas de todo cuanto antes se hubiese grabado y las enterrara en la ciudad de Sippara. (Concluida la inundación, el cortejo real fue a Sippara y las recuperó.)

Otra versión asiriobabilónica hace de Ubaratutu o Khasistrata el superviviente, y asigna a la nave una longitud de 300 metros, altura de 30 y amplitud también de 30 metros. Probablemente, ese gran tamaño es imputable al sistema de medición babilónico, que se basa en múltiplos de doce y se utiliza todavía en el mundo actual para medir el tiempo por horas, el calendario, la latitud y longitud así como las mediciones lineales en los países de habla inglesa.

Otra versión asigna al Arca las monstruosas dimensiones de 5 estadios de longitud y 5 de amplitud... posiblemente, para proporcionar más espacio a los animales. Algunas veces, la versión mesopotámica varía los nombres de Ubaratutu, Khasistrata, Xisuthros o Baisbarata como protagonista, y algunas leyendas especifican que el embarrancamiento del Arca tuvo lugar en el monte Nisir mientras que otras citan las montañas de Gordyene en Urartu (Armenia). Esta última sugerencia sería aplicable al Arca en la teoría del Ararat, puesto que el monte Ararat es sin duda la montaña más característica y alta de Armenia, ésta se llamaba incluso Urartu en tiempos antiguos.

Tanto si el Arca o una gran nave embarrancó en el Ararat como si no, el monte propiamente dicho con su solitaria majestuosidad, su escarpada pendiente casi vertical desde el nivel del suelo, su misterio y su aura de peligro e inaccesibilidad, constituye una indicación convincente para quien quiera contemplarlo teniendo presente su puesto en la historia de la Humanidad.

Para los aldeanos y pastores que viven cerca del Ararat, los nombres de localidades y accidentes geográficos representan un recuerdo latente del Diluvio universal. Nakhichevan, ahora en la Armenia soviética, significa «lugar de llegada», y Echmiadzin, cuyo monasterio conserva los presuntos trozos del Arca, significa «el descenso» o «aquellos que descienden». Arghuri (Ahora) quiere decir «plantación de la viña», refiriéndose a los viñedos que plantara Noé después de abandonar el Arca. En el lado iraní de la frontera hay una ciudad llamada Temanin, que significa «los ocho», una supuesta referencia al número de personas supervivientes del Diluvio, es decir, Noé y su familia. Una aldea situada a unos veintisiete kilómetros del monte Ararat, en las cercanías del Arca enterrada, se llama Mahser cuyo significado es «Día del Juicio Final», un recordatorio incisivo del catastrófico castigo impuesto al mundo. Y el investigador David Fasold averiguó, mientras esbozaba un facsímil del Arca enterrada, que un lugar próximo a la formación en donde estaba el Arca se llamaba Kargakonmaz, que quiere decir «el cuervo no se posa», una referencia patente al cuervo que volvía al Arca después de buscar en vano un trozo de tierra.

Un pozo sobre la cara nordeste del monte conmemora las afanosas tentativas de San Jacobo para escalar la montaña en busca del Arca. Según se supone, el agua del «pozo de San Jacobo» proviene de un manantial que había surtido milagrosamente allá donde San Jacobo descansara la cabeza. El sitio donde los animales pasaron al interior del Arca es conocido todavía como el lugar donde Noé los rescató.

El hecho de que la leyenda sobre el Arca aparezca de forma reconocible en varias reseñas mesopotámicas anteriores al hecho bíblico, la hace bastante más antigua de lo que se suponía. Es más antigua que la historia cronológica a la que los arqueólogos han conseguido asignar fechas. Desde la traducción de las tablas cuneiformes hace cien años largos, nosotros sabemos que varias razas del Oriente Medio antiguo compartieron versiones de la misma leyenda. La memoria del mundo con anterioridad al Diluvio formó parte de su historia antigua. El rey Asurbanipal, cuya Biblioteca constituyó el fundamento para traducir la leyenda sobre el Diluvio discutiendo cierta vez con sus cortesanos sobre las leyendas antiguas y el mundo antes del Diluvio, les dijo según se cuenta:

> Hace mucho tiempo había allí, en el desierto, ciudades poderosas cuyas murallas han desaparecido, pero nosotros conservamos todavía grabaciones de sus lenguas en nuestras tablas.

¿Acaso no sería el propio relato bíblico del Diluvio una adaptación de leyendas con muchos milenios de antigüedad? Quizás Abraham oyera hablar de ellas cuando estuvo en Ur, o los eruditos hebreos se familiarizaron con ellas y más tarde las adaptaran durante la cautividad babilónica, o Moisés, presunto autor de la Tora y, por ende, del Génesis, las oyera mencionar cuando vivía en Egipto. Tal vez Mahoma, al escribir en el Corán una descripción muy gráfica del Diluvio, lo hubiese averiguado por una selección de fuentes informativas, incluyendo las civilizaciones preislámicas a lo largo del litoral de Arabia. Pero se tiene amplias evidencias de que hubo un recuerdo común de un fenómeno que afectó a todas las regiones del planeta y, por consiguiente, quedó grabado en la memoria de diversas tribus y naciones que, no sabiendo nada unas de otras, describieron sus propias experiencias a nivel local. En la leyenda grecorromana, los supervivientes fueron Deucalión y su esposa Pirra, quienes se salvaron con sus hijos y una serie de animales salvajes y domésticos en una embarcación construida como un enorme cajón. Después de que la nave encallara en el monte Parnaso, los náufragos repoblaron el mundo por recomendación de los dioses arrojando piedras hacia atrás por encima del hombro mientras descendían del monte; esas piedras se transformaron en hombres o mujeres según el sexo de quienes las lanzaban.

Con arreglo a las crónicas prehistóricas de la India, *puranas* y *mahabharata*, Manu y siete compañeros fueron los supervivientes (¡el número ocho como con Noé!), y un avatar del dios Vishnú con la forma de un pez inmenso impulsó la nave de Manu (un cuerno muy conveniente sobresalía de su cabeza para empujar) hasta el monte Himavet en las montañas septentrionales de la India.

Hubo dos tradiciones sobre una gran inundación en Egipto (al margen de los desbordamientos anuales del Nilo), una mitológica y otra reseñada con el estilo concienzudo de los escribas. En la versión mitológica, las diosas gato Basta y Sekmet fueron comisionadas por los dioses para destruir a la Humanidad, y desencadenaron una serie de catástrofes y matanzas que estuvieron a punto de conseguirlo... hasta que los dioses comprendieron que si se quedaban sin la Humanidad no tendrían adoradores. Entonces provocaron una inundación de cerveza en las corrientes, y cuando las diosas gato absorbieron el suficiente líquido para quedar dormidas, se olvidaron de su misión.

En una versión algo más lógica, el historiador copto Masudi refirió que Surid, uno de los reyes egipcios predinásticos que vivió antes del Diluvio, soñó con una gran inundación seguida de un incendio durante el apogeo de la constelación Leo. Entonces el rey Surid ordenó que se construyeran las dos grandes pirámides de Khufú (*Keous* en griego) y Kefrén, y «se grabara en sus paredes todas las ciencias secretas junto con las posiciones de las estrellas, y asimismo todo cuanto se conociera sobre aritmética y geometría... de modo que fueran un testimonio irrefutable para beneficio de aquéllos capaces de entenderlas a su debido tiempo».

Se sabe desde las épocas griega y romana que los revestimientos de ambas pirámides estaban cubiertos con inscripciones. Tales revestimientos fueron desmontados en la Edad Media y utilizados para la construcción de edificios en El Cairo, incluida, particularmente, la mezquita de Ibu Tulum que puede contener, por tanto, inusitada información arqueológica aunque oculta hasta ahora. Es interesante señalar respecto a la posibilidad de que se hayan construido antes del Diluvio, pues dentro de la pirámide mayor, la de Khufú, se ve una inexplicable marca de marea alta en la Cámara de la Reina.

En las remotas tradiciones persas se llamó Yima al héroe del Diluvio, quien, pareciendo más sociable que los otros Noé, propuso, invitando, a mil parejas que compartieran su refugio. Su Arca no fue una nave sino un *búnker* subterráneo llamado *vara* y hecho de arcilla, con tres pisos de profundidad y espaciosos pasillos centrales. Se seleccionó meticulosamente a sus compañeros para desechar a quienes tuvieran costumbres licenciosas, lepra e incluso dientes desiguales. Yima y sus saludables compañeros permanecieron bajo tierra mientras inundaciones, seísmos e incendios asolaban el mundo, y cuando la catástrofe dio fin, ellos volvieron a la superficie de la tierra.

Las tribus de la Europa precristiana tuvieron recuerdos de una gran inundación que acaeció mucho antes del cristianismo y también antes de que la leyenda sobre Noé fuera divulgada por misioneros del mundo grecorromano. A semejanza de la versión persa, algunas de esas leyendas combinan la inundación y el fuego, y a veces no mencionan una inundación causada por la lluvia sino una crecida espontánea del océano y un hundimiento constante bajo las aguas de tierra costera a lo largo del litoral atlántico.

En la Irlanda precristiana, un súbito flujo oceánico hizo que la reina Ceseair y su corte se recogieran en un barco y navegaran a través de la inundación durante siete años y medio. Estas gentes no volvieron jamás a Irlanda porque su país estaba tan anegado por el mar que nadie pudo poner pie allí hasta transcurridos doscientos años después de la inundación. La gran inundación quedó registrada en los anales de Gales, *The third Catastrophe of Britain*, y los supervivientes fueron Dwyfan y Dwyfach.

Al rememorar las sacudidas terrestres y la retirada del mar para regresar en forma de maremotos, los pueblos escandinavos y germánicos representan el acontecimiento como una prueba de fuerza entre el jactancioso dios Thor y el rey de los gigantes glaciales. Cuando Thor visitó la morada del rey, éste le preguntó si se atrevería a beber hasta el fondo una inmensa jarra de cerveza, desafío que Thor aceptó gustoso. Pero después de un tremendo esfuerzo divino, sólo consiguió hacer descender un poco el nivel. Entonces el Gigante glacial preguntó a Thor si se creía lo bastante fuerte para levantar en vilo un gato acurrucado allí cerca; mas Thor logró tan sólo moverlo una pizca pese a sus formidables esfuerzos. Cuando Thor se marchó, algo atribulado por su deleznable capacidad para la cerveza y su nervio decreciente en el levantamiento de pesos, alguien le reveló que la jarra estaba sujeta al mismísimo mar (el cual se había retirado de la costa septentrional) y que el rabo del gato tenía una conexión con la serpiente Midguard cuya cola rodea y sustenta la Tierra, y que ésta había sufrido unos terremotos tan enormes, justamente cuando Thor intentaba levantar el gato, que los propios dioses se habían alarmado.

La saga islandesa *Edda* contiene una descripción escandinava más gráfica de un remoto cataclismo:

> Las montañas se precipitan unas contra otras...
> y el cielo se parte en dos,
> el sol nace muerto;
> la tierra se hunde en los mares,
> las rutilantes estrellas se desvanecen
> el fuego ruge enfurecido y proyecta sus llamas
> hasta los cielos.

Otros pueblos precristianos en las costas occidentales de Europa retienen todavía el recuerdo de ciudades anegadas de súbito y cubiertas constantemente por el mar, de islas atlánticas sumergiéndose con todas sus poblaciones, salvo unos cuantos supervivientes, bajo inmensas olas de maremotos. Si bien esas leyendas de tiempos paganos no especifican quiénes pudieron ser los supervivientes, los antiguos galos aseguraron a los conquistadores romanos que sus antecesores eran supervivientes de una isla desaparecida en el océano Atlántico.

Incluso hoy día, entre las tradiciones populares bretonas sobre la súbita crecida del océano, persiste en el litoral atlántico septentrional de Francia la leyenda de que en ciertos días se pueden oír las campanas de catedrales hundidas propagando sus ecos desde el fondo marino, donde las ciudades sumergidas de Lionesa e Ys son todavía testigos de la inundación oceánica que las cubrió y jamás remitió.

Las leyendas sobre la inundación del Nuevo Mundo constituyen un misterio o poco menos, comentado por los primeros exploradores militares de España, quienes se preguntaron estupefactos cómo era posible que las tribus y naciones indias tuviesen, esencialmente, las mismas leyendas sobre el Diluvio, siguiendo una trayectoria casi paralela a la bíblica. La reacción inmediata de los sacerdotes españoles fue el decir que toda similitud con el cristianismo y la Biblia entre los indios, incluyendo el bautismo, el signo de la cruz, etcétera, era una táctica del Demonio para sembrar la confusión. Además, puesto que no había ninguna referencia aparente en la Biblia ni ningún comentario de la Iglesia sobre las tribus indias, los misioneros españoles dedujeron que aquéllas podrían ser las diez tribus extraviadas de Israel. Otros comentaristas sospecharon que la leyenda sobre el Diluvio podría haber sido importada mediante contactos precedentes entre el Viejo Mundo y el Nuevo..., aunque tales términos sean algo equívocos, ya que el Nuevo Mundo tal como lo conocemos hoy día es tan viejo como el denominado Viejo Mundo, y así lo es sin duda en función de sus animales y, quizá, del hombre.

Desde México hasta el distante Norte, y también hacia el sur a través de montañas, selvas y desiertos hasta el extremo meridional de Sudamérica, todos los amerindios recuerdan una catástrofe; por lo general, se trata de un Diluvio arrollador, aunque reforzada a menudo con seísmos, erupciones volcánicas y movimientos catastróficos de montañas. Incluso hay más leyendas independientes del Diluvio en América que en Europa y el Oriente Medio. La figura de Noé, vista por los amerindios, tiene diversos nombres o, cuando no se menciona un nombre específico, se le da el nombre de toda la tribu. Los medios más frecuentes del salvamento consistieron en artefactos típicamente indios tales como grandes canoas cubiertas, balsas, troncos huecos de árbol y, en el caso de los esquimales, muchos kayaks unidos entre sí. La leyenda de Tlingit de Alaska habla de osos y lobos intentando encaramarse a bordo de las canoas fugitivas cuando suben las aguas y siendo rechazados por los remeros con sus palas. Algunas leyendas, tales como la de los toltecas de la América Central, mencionan específicamente un inmenso cofre, similar al descrito en la versión de la Grecia antigua.

Una leyenda de los hurones narra cómo el Gran Padre de todas las tribus indias sobrevivió con su familia y seleccionó animales para embarcarlos en una inmensa balsa cubierta. Durante su estancia en el arca, los animales (que tenían la facultad del habla) se quejaron tanto que, apenas se tocó tierra, les fue denegada esa facultad. En la leyenda inca, una llama parlante predijo la inundación y condujo a su amo hasta una montaña altísima en los Andes donde se habían refugiado otros humanos y animales, advertidos ya del cataclismo. Se dijo que la montaña prevista como refugio de los navajos fue el pico de San Francisco, junto a Flagstaff, Arizona. Como los navajos supervivientes no tuvieron barcas, huyeron, sencillamente, hasta el pico llevando consigo a sus ovejas. Cuando la marea remitió y se deslizó por el Gran Cañón, todos volvieron a sus tierras.

Las referencias de los aztecas y otras gentes centroamericanas sobre el Diluvio, enumeran varios nombres para los principales supervivientes tales como Coxcox, Tezpi y Teocipactli, y mencionan que la embarcación era una gran balsa hecha con raíces de ciprés, una madera que, según se ha sugerido, era la madera resinosa a que alude la Biblia. Los pájaros que se echaron al exterior y no regresaron porque se entretuvieron devorando las personas ahogadas y los animales arrastrados por las aguas, fueron buitres, y el ave que regresó al arca con una hoja en el pico fue el diminuto colibrí, lo que permitió a Coxcox (o Tezpi o Teocipactli) arribar a tierra en la tortuosa montaña de Colhuacán. Cuando la gran marea remitió, se edificó una pirámide enorme en Cholula para proveer refugio por si hubiera futuras inundaciones. La pirámide sigue allí, y la próxima y definitiva catástrofe mundial, según predijeron los aztecas, el fin del mundo por el fuego, tendrá lugar, con arreglo a nuestro propio sistema cronológico, hacia fines del presente siglo.

Al igual que en la antigua leyenda persa, algunos supervivientes escaparon a la inundación sin la ayuda de embarcaciones. Según los archivos chibcha de Colombia, el héroe Bochica y su esposa escaparon montaña arriba ascendiendo en camellos (en otros tiempos existentes en Sudamérica, pero no desde los últimos milenios).

Varias tradiciones indias contienen antecedentes sobre catástrofes sísmicas e ígneas procedentes del cielo junto a las inundaciones. Los anales mayas tales como el *Popol Vuh* y el *Libro de Chilam Balaam*, cuentan sobre supervivientes que se cobijaron en cuevas muy profundas hasta que las inundaciones, los incendios y los terremotos cesaron. En Yucatán abundan esas inmensas cavernas subterráneas y varias de ellas contienen enormes estatuas pétreas de animales, algunos con cabezas humanas, que se diferencian por completo de cualquier artilugio maya conocido. Hay señales bien visibles de que tales cavernas, por lo menos algunas, han sido submarinas durante el tiempo suficiente para que queden moluscos y otras especies de la fauna marina adheridos a las figuras esculpidas.

En la leyenda tribal de los mandanes se menciona a un viajero blanco que procedente del este, tripulando una gran canoa cubierta con la cual había escapado a la inundación, encontró tierra nueva no cubierta por las aguas en el oeste. Cuando desembarcó, se le unieron unos supervivientes que habían esperado en túneles el paso de la inundación y se habían cerciorado de ello enviando afuera a un ratón que, no habiendo regresado al túnel, les indicó el descenso de las aguas.

La tribu hopi de los Estados Unidos occidentales ha conservado unos anales del pasado bastante más minuciosos que los de otros grupos tribales. Sus leyendas hacen referencia a una inundación sin lluvia causada por olas altas como montañas procedentes del mar y arrollando todo a su paso: «...Los continentes se desmoronaron y hundieron bajo las olas.» Los hopi sobrevivieron escalando la montaña más alta mientras que «todas las orgullosas ciudades quedaron cubiertas por el mar».

La ausencia de toda alusión a la lluvia como causa inmediata de una gran inundación súbita, caracteriza a numerosas leyendas de la América antigua. La mención tradicional de tremendas olas *procedentes del océano* envolviendo la tierra y combinadas con perturbaciones sísmicas pudiera ser el recuerdo racial de una catástrofe universal cuyo efecto y no causa fue la inundación.

Crónicas de Babilonia y Asiria sobre la inundación describen las trombas marinas y las olas de maremotos junto con la lluvia torrencial como si el fondo oceánico sufriese graves trastornos. Crónicas del mundo grecorromano citan sacudidas de la tierra que precipitaron ciudades enteras al mar, así como la de su propia prehistoria que separó Sicilia de la tierra continental italiana.

Al describir la inundación, la Biblia (Génesis 7:11) sugiere que las aguas crecieron como consecuencia de unas turbulencias habidas en los abismos del océano además de la lluvia: «...en el mismo día se rompieron todas las fuentes del abismo y se abrieron las cataratas del cielo...» El Corán es incluso más evocador de los cambios terrestres como se lee en el Sura VII: «...la superficie terrestre hirvió... el Arca se movió entre olas como montañas».

En las leyendas chinas hay dos reseñas de inundaciones, una procedente del oeste a través de Asia, aportada por los pueblos turcos del Asia central y, por tanto, siguiendo las referencias alcoránicas sobre la inundación de Nuh o Nu-Hwa como se adaptó al chino. Cuando los misioneros cristianos introdujeron la Biblia en China y descubrieron que allí se conocía ya la versión del Oriente Medio sobre la inundación, lo interpretaron, lógicamente, como una prueba adicional confirmando la historia de la inundación e incluso el nombre de Noé.

Pero hay otra versión absolutamente diferente de la catastrófica inundación que proviene de la antiquísima Enciclopedia china. Aquí Noé se llama Fo-Hsi y las circunstancias son muy distintas y de alcance cósmico.

Los primeros misioneros jesuitas en China consultaron, por recomendación de los eruditos chinos, una obra de 4.320 volúmenes, compilada por Edicto imperial, titulada *Ch'in-ting-ku-chin-t'su-shu-shi-ch'eng* y concebida para contener «todo conocimiento». La referencia a una inundación catastrófica es impresionante:

> ...La Tierra se estremeció hasta sus cimientos. El cielo se inclinó hacia abajo por el norte. El sol, la luna y las estrellas alteraron sus movimientos regulares. La Tierra se resquebrajó y las aguas en su seno se proyectaron con violencia hacia arriba y la anegaron. El hombre se había rebelado contra los dioses supremos y el Universo estaba en desorden. Los planetas alteraron sus órbitas y se trastornó la gran armonía del Universo y de la naturaleza...

Mientras que algunas leyendas aseguran que la Tierra entera quedó cubierta por el agua caída desde los cielos, otras sostienen que las olas cubrieron la tierra o que la tierra se hundió. Si la catástrofe evocada por todos los pueblos tuvo como causa, según lo han sugerido algunos comentaristas científicos sobre prehistoria, una colisión entre la tierra y un meteorito gigantesco o cualquier otro acontecimiento capaz de sacudir la tierra sobre su eje o incluso modificar con carácter permanente su rotación, los océanos habrían generado olas de maremoto lo bastante grandes para cubrir temporalmente casi todas las regiones terrestres. De resultas, diversas partes del litoral y las islas oceánicas se habrían hundido o elevado según las fallas volcánicas y se habría forzado la aparición de nuevas cordilleras. La civilización que se había desarrollado antes de la inundación se habría desvanecido, habría sido barrida para quedar enterrada debajo de la desmoronada Tierra o hundida en el mar dejando tan sólo ciertas ruinas compuestas de piedras gigantescas y no identificables en la historia cronológica. Podrían haber sobrevivido ciertas naves que, apresadas entre las olas de la inundación, podrían haber sido arrastradas hasta las grietas de las montañas o las altiplanicies por el gigantesco *tsunami* que barrió el mundo. El Arca de Noé pudiera ser una de ellas.

CAPÍTULO VIII

Fondos marinos secos y tierras desplomadas

Desde hace dos mil quinientos años, cuando el historiador griego Herodoto observaba la presencia de conchas marinas en el desierto cerca de las Pirámides, otros observadores han hecho diversas referencias a la invasión de las tierras de Oriente Medio por el mar. En las épocas antigua y medieval se atribuyó eso por lo general a la gran inundación, si bien en tiempos bastante modernos, desde principios del siglo XX, ha habido un escepticismo científico muy considerable dirigido contra la documentación bíblica como referencia histórica válida.

Pero incluso en estos tiempos modernos los vestigios de una inundación prolongada son perceptibles todavía en el Oriente Medio, particularmente en la zona del Ararat. Conchas marinas han sido halladas en el monte Ararat a 3.300 metros de altitud. Conglomerados de sal a 2.310 metros de altitud denotan una evaporación gradual del agua del mar que antaño estuviera allí. Se ha encontrado lava en el monte Ararat así como en el fondo del océano Atlántico, y esta presencia indica que la lava expulsada por encima del nivel del mar ha estado sumergida bajo el agua durante un período de tiempo. En el lago Urmia de la Turquía oriental, muy distante del mar, viven todavía arenques de agua salada, aislados, aparentemente, de su morada oceánica. El geólogo, doctor Evans Hansen, ha indicado la existencia de extrañas formaciones rocosas en la Turquía oriental que muestran rastros del «trenzado que deja la afluencia de agua» allá donde ésta barrió un antiguo terreno elevado, dejando esbeltos picos semejantes a islotes puntiagudos que señalan el antiguo nivel del suelo, un fenómeno también corriente en la región sudoeste de los Estados Unidos.

Un sorprendente descubrimiento que aporta las pruebas de que hubo una prolongada inundación en Mesopotamia hace varios milenios, tuvo lugar durante unas excavaciones arqueológicas en Ur, una de las ciudades más antiguas del mundo, excavaciones llevadas a cabo por el arqueólogo Leonard Woolley a finales de 1920.

Woolley, que había hecho una serie de hallazgos insólitos demostrando el alto nivel cultural alcanzado por la antigua civilización de Sumeria en una época extremadamente remota tuvo la original idea de abrir un pozo profundo a través de las ruinas de Ur. Él quiso verificar mediante una perforación de las sucesivas capas culturales cuál fue el primer estrato o punto de partida para la civilización sumeria.

Mientras se progresaba con la excavación del estrecho conducto (haciendo caso omiso de los cascotes a un lado y otro) se desenterró toda clase de artefactos pertenecientes a unos niveles culturales que se remontaban a un período de muchos milenios a. de C. Por fin los hallazgos se acabaron y la excavación posterior no reveló nada salvo fango. No obstante, Woolley ordenó que se siguiera excavando a través del fango, y 3,3 metros más abajo reaparecieron nuevos artefactos cuya presencia denotaba la antiquísima existencia de otro tipo de civilización o civilizaciones que habían florecido antes de la afluencia del fango.

Según informó William E. Shirer (*Twentieth Century Journey*), quien entrevistó a Woolley en el propio escenario, Woolley estaba discutiendo sobre el extraño descubrimiento con su plana mayor cuando Katherine, su esposa, también arqueóloga vocacional, se unió al grupo. Woolley le preguntó si se había formado ya alguna opinión sobre el significado del fango, a lo que ella contestó sin demora:

–Sí, claro está. ¡Es el Diluvio!

Excavaciones posteriores mostraron que el estrato fangoso era todavía más pronunciado –cuatro metros de grosor–, indicando que aquello no había sido una inundación estacional sino una anegación que duró mucho, hasta la retirada de las aguas. Woolley llegó a la conclusión de que aquellas aguas tuvieron, inicialmente, una profundidad de ocho metros y medio, casi el mismo dato, traducido a codos, que contiene el Génesis: «...siete metros y medio subieron las aguas por encima de ellos...»

Las inundaciones extensas y prolongadas no se circunscribieron al Oriente Medio. Esqueletos de ballena han sido hallados en el Himalaya, la cordillera más alta del mundo, y en el monte Ararat han aparecido huesos de pez y pechinas.

Junto a las misteriosas ruinas de Tiahuánaco, Bolivia, y a tres kilómetros largos de altitud en la cordillera andina hay una línea de sal cuyo rastro resulta perceptible por las montañas circundantes. Se observan señales de que la ciudad montañesa fue otrora un gran puerto al nivel del mar y de que el lago Titicaca pudo representar un antiguo enlace con el océano. A. Posnanski, un arqueólogo austríaco que llegó a ser director del Museo Nacional de Bolivia y del Instituto Inca de Antropología, ha calculado que Tiahuánaco tiene una antigüedad de quince mil años. Así pues, se trata quizá de una ciudad edificada antes de una catástrofe universal que habría elevado los Andes, geológicamente recientes, hasta su actual altitud, y hundiendo debajo del mar, temporalmente o permanentemente, otras partes de la tierra mediante un proceso conocido como isostasia. Repecto a la antigüedad de Tiahuánaco, tal vez convenga recordar que en la cerámica recobrada allí hay representaciones de especies animales extintas, incluido el toxodonte, un animal prehistórico que vivió en Sudamérica y que, aparentemente, existió todavía cuando se edificó Tiahuánaco.

El recuerdo racial inusitado de una extensa inundación que cubrió grandes masas terrestres y a la cual sobrevivieron algunos náufragos escalando a los picos más altos que se transformaron en islas oceánicas, ha sido descrito por navegantes españoles y franceses que se hallaban explorando el Atlántico hacia el Oeste cien años antes del primer viaje de Colón. El archipiélago canario representa las primeras islas descubiertas del Atlántico central cuyos pobladores indígenas creyeron ser los únicos supervivientes sobre la tierra de una inundación que sobrevino miles de años atrás.

Los habitantes de las islas Canarias tenían piel blanca, eran altos, musculosos y, muchos, rubios con ojos azules. En 1395 los descubrió oficialmente Jean de Béthencourt, un noble francés al servicio de España. Cuando los españoles desembarcaron allí no pudieron comunicarse con los nativos, quienes hablaban un lenguaje desconocido para ellos. Cuando los isleños aprendieron el suficiente español para entenderse, dijeron a los sorprendidos visitantes españoles que no podían comprender cuál era la procedencia de tantos hombres y naves, pues ellos supusieron siempre que la gran inundación había acabado con todos los seres del mundo excepto ellos mismos. Antaño, añadieron, sus antepasados habían vivido en un país inmenso con grandes ciudades, fértiles llanuras y caudalosos ríos, pero una inundación lo había cubierto todo y sólo unos pocos habían podido huir a las montañas más elevadas y sobrevivir. Las islas que ellos habitaban ahora habían sido otrora cumbres montañosas de su desaparecida patria. Las aguas de esa inundación (a diferencia de la inundación bíblica) no se habían retirado jamás, estaban todavía allí (y diciendo esto señalaron el Atlántico circundante).

Esa curiosa tradición con sus sugerencias sobre el Atlántico, el Diluvio, la civilización destruida por las aguas y los supervivientes refugiados en las montañas, no fue nunca investigada lo suficiente por los conquistadores españoles que, al cabo de poco tiempo, aniquilaron a la población nativa en una serie de guerras. Asimismo, su lenguaje se perdió, si bien algunos españoles recordaron que unas cuantas palabras se semejaban a los nombres de dioses griegos, incluido Cronos, nombre tradicional de uno de los reyes de la Atlántida.

El Sahara, una región antaño con arbolado y bien regada, se ha secado durante los últimos 10.000/20.000 años, si bien los ríos subterráneos fluyen todavía debajo de su superficie. Las pinturas rupestres «predesérticas» halladas en los promontorios rocosos y cuevas de las montañas de Tassili representan la vida de un pueblo desaparecido que habitó allí antes de que las aguas arrollaran e inundaran el país para evaporarse después y convertirse en desierto. Es posible que esa misma inundación derribara la barrera entre Europa y África por Gibraltar dejando a las aguas oceánicas que transformaron una serie de lagos y valles en el mar Mediterráneo. Las referencias bíblicas de ciertos ríos grandes no identificados hoy día (Génesis 2), podrían significar ríos cubiertos actualmente por el Mediterráneo o el mar Negro.

Egerton Sykes ha insinuado que el mar Negro, el mar Caspio y el lago Aral estuvieron conectados en otro tiempo con un mar inmenso cuya orilla oriental fue el Gobi occidental, y que la hipotética arca no zarpó desde el sur (como sugiere una tradición babilónica que cuenta la construcción del arca en Maala, cerca de Adén, Arabia meridional) sino desde ese mar inmenso al nordeste del cual el antiguo fondo marino es ahora, mayormente, un desierto.

Hoy es posible determinar las variaciones ascendentes y descendentes de la superficie terrestre por la inusitada presencia de playas arenosas o de guijarros que, ordinariamente, jalonan las costas de islas y continentes. Las playas y los restos de vida marina a gran altura sobre el nivel del mar y las playas arenosas en grandes profundidades oceánicas indican con suma claridad que el nivel del mar ha cambiado, pues el fenómeno de las olas rompiendo en la costa es lo que forma una playa. Encontramos playas arenosas en todos los desiertos del mundo, y playas situadas a gran altura (varios centenares de metros) en Alaska, California, Terranova, Noruega y otros lugares de la parte septentrional del hemisferio Norte.

Vastas regiones de la superficie terrestre han quedado cubiertas por la inundación y siguen sin ser liberadas. Mamuts, mastodontes, huesos humanos y herramientas del hombre prehistórico han sido desenterrados del fondo marino del banco de Dogger en el mar del Norte, y se han encontrado playas en las profundidades del océano Atlántico cerca de las Azores.

Tales playas, antaño líneas costeras de masas terrestres e islas sumergidas hoy día, parecen haber sido precipitadas al fondo oceánico por una acción volcánica súbita. El oceanógrafo ya desaparecido, doctor M. Ewing, encontró, al frente de una expedición de dragado, arena de playa a 5,25 kilómetros de profundidad, así como rocas graníticas marcadas con las estrías glaciales de un tiempo precedente. Lo que parecen ser las ruinas pétreas de ciudades sumergidas descansan en el fondo del Mediterráneo frente a la costa africana, también cerca de las islas Azores y de Madeira, y en la plataforma continental cerca de Cuba y las Bahamas. Una muralla formidable y al parecer obra humana, está sumergida ante el litoral peruano a una profundidad de 2,25 kilómetros (abismo de Nazca).

Varios teóricos creen que lo acaecido a la Tierra durante los tiempos de la catástrofe fue suficiente para alterar la inclinación de su eje lo que provocó el desbordamiento de los océanos sobre la tierra, desencajó y licuó el hielo del Norte y desencadenó convulsiones sísmicas que a su vez ocasionaron el alzamiento y hundimiento de la tierra en muchas partes del planeta. Ahora bien, los cambios climatológicos habidos con la terminación súbita de las glaciaciones no es una teoría sino una realidad patente, y la Ciencia la acepta como tal.

Gran parte del banco glacial que cubría en otro tiempo las regiones septentrionales de la Tierra, se encuentra ahora en la Antártida cubriendo el continente antártico a una profundidad de tres kilómetros y aumentando sin cesar. Si ese banco de hielo se derritiera en algún tiempo futuro, la Humanidad sufriría otra inundación desastrosa, considerando que el 80 por ciento de la población mundial vive en zonas no superiores a los treinta y tres metros de altura sobre el nivel del mar.

La topografía antártica nos facilita una prueba incomparable de los cambios catastróficos, así como una sugerencia sobre el proceso humano en la civilización anterior al Diluvio. La Antártida no fue descubierta por el hombre moderno hasta el 1820, varios años después de que el capitán Cook fracasara al buscarla y entonces la declarase inexistente. Anteriormente se había pensado que debería existir una región extensa en el polo Sur para equilibrar los continentes, pero navegar por un mar inexplorado suponía una gran dificultad porque no se habían determinado todavía las líneas de longitud ni se determinarían hasta fines del reinado de Jorge III a principios de siglo XIX.

Sin embargo, ciertos mapas antiguos, griegos o fenicios, rescatados de la Biblioteca de Alejandría y otras bibliotecas de la Antigüedad destruidas desde entonces, mostraron un continente y detalles de tierra firme en el confín meridional del mundo. Por consiguiente, a falta de algo mejor en materia de mapamundis, se copiaron e imprimieron esos conceptos antiguos antes de tener cualquier otra prueba sobre la existencia de la Antártida. Así se hizo en el mapa Buache (1737), el Finaeus (1532) y otros. Y una sexta parte de un mapamundi, el mapa Piri Re'is (1513) copiado asimismo de antiguos mapas griegos y fenicios, indicó un enlace terrestre entre Argentina y la Antártida, una vasta zona que *sería exacta* si se hubiese trazado un mapa antes de que el océano creciese en profundidad cubriéndose con el agua dejada por el Diluvio.

Charles Hapgood, ya desaparecido, profesor en el Keene State College, New Hampshire *(Maps of the Ancient Sea Kings; The Path of the Pole)*, descubrió que el mapa Piri Re'is demostraba el empleo de la geometría esférica o elíptica así como de la longitud. Durante años, él estudió ese mapa y otros antiguos archivados en la Biblioteca del Congreso y llegó al convencimiento de que los antiguos marinos visitaron y exploraron la Antártida antes del último gran cambio climatológico que determinó las zonas climáticas del mundo posterior a la inundación.

Hapgood se reafirmó en sus teorías gracias a los sucesivos descubrimientos geográficos que corroboraron los «fantásticos» conceptos de los mapas antiguos. Las líneas costeras de la Antártida que mostraban esos mapas no fueron las de las cartas marítimas vigentes. Ahora bien, fueron, no obstante, auténticas líneas costeras que delineaban la Antártida tal como sería sin el hielo. Hoy día, los ríos señalados en los mapas antiguos están cubiertos por glaciares que siguen todavía el curso de las corrientes prehistóricas y, lo más sorprendente de todo es que la Antártida presentada en los mapas antiguos está compuesta de dos islas..., no es una sola masa terrestre como se supuso. Esta información, cuya exactitud fue confirmada por una expedición internacional en 1968, era conocida por los exploradores en una época que, según cálculos recientes, data de 8.000 a 10.000 años a. de C.

Los navegantes que visitaron la Antártida pertenecían al mundo anterior a la inundación. Bajo la profunda capa glacial puede haber aún grandes naves coetáneas del Arca de Noé o incluso anteriores a ella.

CAPÍTULO IX

Especies animales que desaparecieron con el Diluvio

La concentración y embarque en el Arca más la alimentación de ejemplares, macho y hembra, de todas las especies vivientes (¿excepto peces?) por Noé y su familia durante un período superior a seis meses, ha constituido por mucho tiempo un tema favorito de pintores e ilustradores antiguos y modernos. También ha sido motivo de mofa para aquellos que combaten la creencia en el Diluvio y el Arca.

Quienes no creen en esa antigua leyenda suelen aducir diversas inconsistencias, cualquiera de las cuales, a juicio suyo, es lo bastante significativa para desacreditar el viaje y la supervivencia de los animales en el Arca.

Como quiera que algunas de esas preguntas tienen difícil respuesta en función de experiencias conocidas, las contestaciones que siguen a cada pregunta retórica han sido recopiladas de opiniones cuyo fundamento es la fe en la letra y en el espíritu de la Biblia y en milagros contrarios a toda lógica científica, pero que se tornan lógicos cuando les acompaña la fe.

¿Cómo se reunió a los animales? ¿Cómo fue posible que los animales viviendo en diversas partes de la Tierra, como los canguros, llegaran al Arca?

Cada pareja de animales, macho y hembra, fue conducida hasta allí por el Espíritu de Dios.

Aun suponiendo que el Arca fuera tan grande como la describe el Génesis (6:15), ¿cómo pudo alimentarlos una pequeña tripulación compuesta por la familia de Noé? ¿Y por qué los animales carnívoros no devoraron a los más débiles?

Tan pronto como los animales pasaron al Arca, cayeron en un estado de hibernación y no requirieron alimento.

El Génesis menciona (7) que «todo animal puro» y «también las aves del cielo» fueron llevados a bordo en grupos de siete mientras que de los «animales impuros» se admitió sólo una pareja de cada especie. ¿Por qué esa distinción?

Dios deseó ayudar a Noé y a su familia después del desembarco proveyéndoles con mayor número de animales domésticos.

Si la serpiente había sido considerada maldita por Dios, ¿por qué se le permitió entrar en el Arca?

La serpiente y sus descendientes habían sido ya castigados (Génesis 3:14).

Nosotros conocemos las dimensiones del Arca por los datos bíblicos. ¿Cómo fue posible acomodar dentro de un espacio comparativamente tan pequeño las miles de especies y aves existentes?

La Biblia no nos representa, necesariamente, cada especie de animal y ave, sino sólo el género. Muchas especies y subespecies se han desarrollado después de la inundación. Por ejemplo, dos caballos fueron suficientes para asegurar las diferentes razas de caballos, dos ciervos para las muchas especies de ciervos, dos leones o tigres para los muchos tipos de felinos, dos perros para los numerosos y diversos ejemplares caninos.

Aunque la vida a bordo del Arca durante la inundación esté descrita con brevedad en el Génesis, varias tradiciones menores la han transmitido a lo largo de los milenios. Una de esas versiones cuenta que los ratones y las ratas se multiplicaron entre las reservas de grano. Por consiguiente, Dios hizo que el león estornudara, y el león estornudó a un gato, éste emprendió sin tardanza la persecución de los roedores. (Comoquiera que en la Biblia no se menciona jamás al gato, esta leyenda pudiera ser una tentativa para justificar su existencia.)

Las representaciones pictóricas del Arca continúan siendo populares entre las gentes del mundo moderno, no sólo en los libros infantiles, sino también para utilizarlas como ilustraciones jocosas en las revistas humorísticas. Siempre se ha representado el Arca con jirafas de cuello interminable, enormes elefantes y otros animales voluminosos de difícil acomodamiento en un Arca, agolpándose sobre las bordas mientras la nave surca un mar infinito o queda apresada sobre una cumbre montañosa.

El tener dudas sobre tal o cual parte de la leyenda del Arca no significa poner en duda la inundación o la supervivencia de unos individuos que, habiendo superado la catástrofe, creen haber sido elegidos para sobrevivir... y quizá lo fueran. También es lógico suponer que un Noé figurativo quisiera salvar a tantos miembros de su familia y a sus rebaños como pudiera y llevar la mayor cantidad de alimentos y semillas para iniciar una nueva vida después del Diluvio.

Y otros Noé, diferentes por el nombre, el escenario y las experiencias personales, deben de haber sobrevivido en naves o refugios encumbrados en otros lugares del mundo. Varias leyendas sobre esos Noé han sido conservadas vivas por sus descendientes durante centenares de siglos.

Nuestra propia leyenda sobre Noé y el Diluvio, originada en el Oriente Medio, ha sido difundida a través del cristianismo por todos los rincones del mundo. A medida que se divulgaba, la leyenda de Noé encontró recuerdos de una inundación catastrófica conservados por pueblos antiguos de Europa, Asia, África, las Américas y las islas del Pacífico. Todas esas leyendas coinciden en esencia con la crónica bíblica aunque no por lo que respecta a los pormenores locales. Otros informes sobre inundación mencionan una variedad de animales... llamas y bastantes especies más que siguieron a los indios sudamericanos hasta las alturas andinas, mientras que otros animales fueron transportados y puestos a salvo sobre inmensas balsas, o bien se los introdujo en espaciosas cavernas de la montaña.

Otras leyendas de la inundación citan una gran diversidad de animales como osos, lobos y llamas, camellos, caballos y ratones. Sin embargo, exceptuando la diferenciación entre «bestias puras e impuras» y la paloma y el cuervo, el Génesis no menciona ningún animal específico ni ningún animal existente antes del Diluvio cuya especie no sobrevivió.

Hay quienes suelen preguntarse por qué no se mencionan en la Biblia los enormes monstruos de eras prehistóricas cuyas dimensiones conocemos hoy día y cuyos rasgos principales podemos reconstruir. Cuando se encontró, casualmente, por vez primera grandes huesos de animales prehistóricos en los profundos pozos mineros que se abrían por toda Europa, algunos religiosos sostuvieron que esos huesos tan extraños habían sido creados junto con las rocas y los minerales a gran profundidad bajo tierra. Otros supusieron con más lógica que todos eran restos de animales no identificados y desaparecidos durante la inundación o antes de ella. Ahora sabemos mediante análisis de los estratos terrestres donde se encontraron los huesos, que los grandes dinosaurios desaparecieron cincuenta y cinco o sesenta millones de años antes de que apareciera el hombre, lo cual fue, probablemente, el resultado de que los planetas atravesaron una nube cósmica que alteró el clima de la Tierra.

Pero la propia Biblia, al describir el Diluvio de Noé, geológicamente reciente, y la mortandad de los animales durante la

El valle de Horseshoe, al nordeste del barranco de Ahora, se llena de niebla súbita. *Ahmet Ali Arslan.*

El autor con uno de los caballos montañeses empleados para las escaladas. Los adornos y el arnés de la cabalgadura son típicos y característicos de la localidad. Al fondo se ve la cumbre del Ararat. En la montaña hay también caballos salvajes que forman rebaños para la protección mutua contra lobos y osos. *Ahmet Ali Arslan.*

Hielo licuándose en el glaciar Parrot. El deshielo irregular deja ver entradas a las galerías ocultas bajo el hielo, en donde, a juicio de varios exploradores, puede encontrarse el Arca. El agua no reaparece en forma de ríos o torrentes, pero a su debido tiempo constituye manantiales en la planicie de Karabulak. *Ahmet Ali Arslan.*

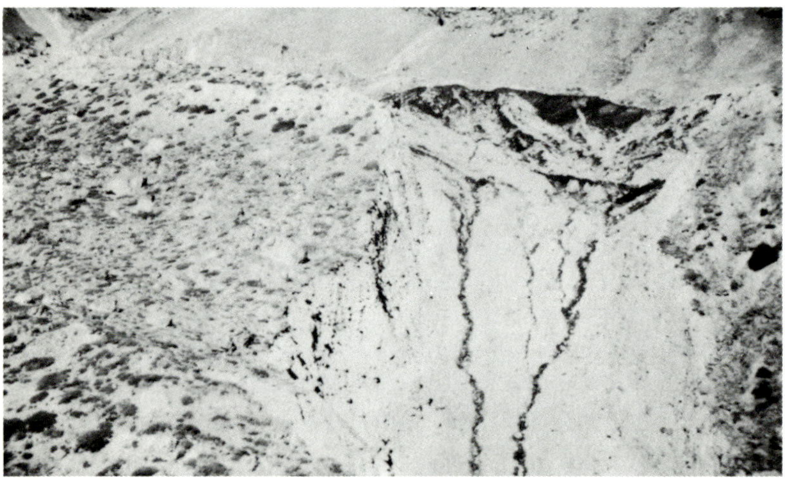

El glaciar de Ahora mostrando la morrena glacial cubierta por el polvo y las piedras. Los arroyos resultantes del hielo derretido aprovisionan de agua a las aldeas situadas en la parte inferior de la ladera. *Ahmet Ali Arslan.*

Mirando hacia el Norte por encima del glaciar Abich I. El desfiladero entre las dos cumbres es el punto por donde se precipitan las avalanchas al glaciar Negro. *Ahmet Ali Arslan.*

Cuando Ahmet Ali Arslan intentó utilizar esta cueva en el glaciar Negro a modo de refugio, se encontró con que estaba ya ocupada por una osa y sus retoños. *Ahmet Ali Arslan.*

La entrada a esta cueva debajo del glaciar Parrot apareció cuando se echó abajo la pared de hielo. Ahmet Ali Arslan descendió hasta lo más profundo de la cueva y, colgando de una cuerda, tomó varias fotografías. La luz blanca al fondo es el reflejo del sol en la nieve. *Ahmet Ali Arslan.*

Una niebla repentina ha sorprendido a una partida de montañeros en la pendiente oriental del monte Ararat. Los escaladores deberán esperar hasta que la niebla se levante para evitar las caídas en grietas o por el borde de un precipicio. *Ahmet Ali Arslan.*

Una formación pétrea insólita que podría formar parte del Arca enterrada y que tal vez se hubiese separado del cuerpo durante su deslizamiento desde un nivel superior hasta la posición actual. Según la teoría de Fasold, las líneas estratificadas del objeto indican que el Arca fue una enorme estructura de cañizo sobre la que se vertió una especie de cemento para consolidar e impermeabilizar la gran nave. Se argumenta que ese cemento es una traducción errónea de la madera resinosa mencionada en la Biblia, y debiera ser la mezcla de cemento bituminoso expresada en el antiguo lenguaje acadio mediante las consonantes K-F-R. *David Fasold.*

El hombre en la fotografía está sentado sobre un ancla de piedra, una de las que se ha encontrado por el monte Ararat. Dos de ellas fueron halladas al norte de Korán, y esta aldea conserva otras dos. Estas grandes anclas pétreas fueron utilizadas por naves antiguas, y su presencia en tierra firme y a gran distancia del mar es una prueba adicional de que la llanura en donde yacen dichas anclas fue en otros tiempos el fondo del mar. *David Fasold.*

Vista lateral del arca enterrada mostrando una elevación abrupta de la formación desde el suelo, elevación que tal vez haya aumentado (o quizás el suelo haya descendido) desde que se descubrió el objeto. *Ahmet Ali Arslan.*

Vista a corta distancia de una de las anclas mostrando el orificio por donde se pasaba un cable para sujetarla. Otras arcas similares han sido halladas bajo el agua o en las playas del Mediterráneo, en el litoral atlántico de España, Francia e Irlanda y frente a la costa de California. *David Fasold.*

La investigación de la zona hizo suponer que se trataba de los restos interiores de la amura de estribor del Arca enterrada. La formación elevada del centro corresponde al segundo mamparo, que servía de apoyo a una viga de la cubierta superior. La abertura a la izquierda podría indicar el lugar donde habría caído una columna de apoyo. La línea izquierda sujetada por el miembro de la expedición es una cinta métrica, mientras que la segunda cinta indica la presencia de elementos metálicos enterrados, con probabilidad pernos o largos clavos de 30 o 40 centímetros. *Foto David Fasold.*

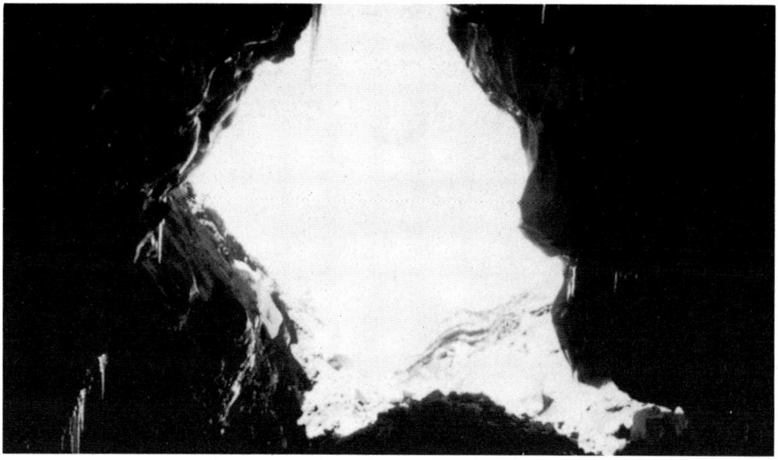

Fotografía mirando hacia el cielo desde el interior de una cueva cuya entrada ha sido mostrada en el glaciar Mih Tepe. Gruesas capas de hielo procedentes de los glaciares cubren con un carácter estacional las cuevas en las pendientes superiores. Las cuevas en las pendientes inferiores son frecuentes alojamientos de osos, lobos, perros salvajes y serpientes venenosas. *Ahmet Ali Arslan.*

La Roca del Diablo vista de Este a Oeste. Ésta es una de las diversas formaciones que han sido confundidas con el Arca por viajeros antiguos y modernos. El lago Küp y el glaciar Parrot se hallan al otro lado de esa formación rocosa. *Ahmet Ali Arslan.*

Los escaladores del monte Ararat han percibido, cuando acampan en la montaña e intentan dormir, que se oye un rumor de agua corriente debajo de los glaciares. Ese hielo derretido debajo de los glaciares desaparece y, aparentemente, se hunde en el subsuelo para reaparecer formando arroyos o lagunas en la llanura de Ararat. Éstos son el origen del Kara Su (Agua Negra) y de las Sureyva Cesmesi (Fuentes de Soraya), un afectuoso tributo a la antigua reina de Irán. *Jay Bitzer.*

El glaciar Negro cubierto de nieve en polvo sobre el Ahora. Al fondo se puede ver la cumbre más pequeña. *Ahmet Ali Arslan.*

El velo blanco de humo mostrado aquí a las 9 de la mañana significa el comienzo de una niebla que abarcará muy pronto a toda la región superior del monte Ararat. *Ahmet Ali Arslan.*

El glaciar Parrot desde el Oeste con un frente nuboso que avanzará hasta cubrirlo. Los montañeros se han perdido aquí con frecuencia por causa de esas nieblas súbitas, y algunos han muerto al ser incapaces de ver hacia dónde se dirigían y romperse el hielo bajo sus pies encima de una grieta. *Ahmet Ali Arslan.*

Forma de Arca en Masher. Las líneas descubiertas mediante el empleo del radar con superficie de contacto determinan, presuntamente, la posición de secciones, alojamientos y recintos para animales en el Arca. Las cintas van de Este a Oeste y de Norte a Sur. *Ahmet Ali Arslan.*

El Arca enterrada junto con el dispositivo para detección de metales. Se puede ver la brecha en la presunta banda de babor. *Ahmet Ali Arslan.*

inundación, proporciona la prueba más sorprendente de un acontecimiento catastrófico universal, parte del cual fue la inundación, otro indicio de la insólita concordancia entre el texto bíblico y la información zoológica reciente. Pues, aunque la tradición bíblica no especifique una fecha para la inundación, excepción hecha en las referencias sobre la longevidad de los patriarcas, indica claramente que el hombre había existido ya el tiempo suficiente para idear un modo de vida o civilización cuyos hábitos desagradaban a la Divinidad (Génesis 6:17).

Muchos tipos de vida animal, especies y géneros, desaparecieron, efectivamente, cuando algo ocasionó la licuación de los glaciares y el desbordamiento de los océanos, desencadenó seísmos y produjo un cambio rápido, casi se diría instantáneo, del clima. Ésas fueron las especies animales cuyas parejas representativas, hablando en términos figurativos, fueron suspendidas al pretender ingresar en el Arca, y que desaparecieron de la historia biológica hace once o doce mil años. Algo muy letal modificó todas las formas de la vida animal por aquel tiempo, ocasionando la desaparición de especies enteras en una hecatombe gigantesca e imponiendo un tipo de evolución instantánea a las especies supervivientes.

Gran número de esos animales ahogados han sido descubiertos en cavernas y grietas de alta montaña y en inmensos osarios de diversas partes del mundo, lugares adonde ellos habían acudido en un vano intento para escapar a la inundación. El doctor J. Manson Valentine, un paleontólogo y zoólogo que ha visitado varios de dichos depósitos, subraya la gran diseminación de esas trampas mortales tendidas a los animales hace once mil años:

> En Gales, Devonshire y varios lugares de la Inglaterra meridional encontramos depósitos masivos de huesos fracturados que llenaban las grietas de las colinas, huesos procedentes de hienas, hipopótamos y elefantes, osos árticos y gran número de otros animales más conocidos,

un fenómeno que se viene repitiendo en innumerables sitios de la Europa occidental. En las grietas rocosas del monte Genay, Francia, se veían, empotrados, huesos de rinocerontes, elefantes, leones y bueyes salvajes; en los Alpes suizos, de cocodrilos, avestruces gigantes y osos polares.

En los osarios de Dakota, los huesos amontonados de camellos y caballos junto con los de otros animales de difícil identificación, están prensados de tal manera bajo una enorme presión que forman un inmenso bloque óseo. En Nebraska, los osarios contienen rinocerontes y cerdos gigantes. En los pozos de La Brea, California, hay perezosos gigantes, camellos, leones, caballos, pavos y búfalos prehistóricos.

En un sumidero de los Everglades, Florida, se encontró un inmenso colmillo curvo surgiendo del lodo y unido todavía al esqueleto de un mastodonte gigantesco muerto hacía por lo menos once mil años. Alrededor de él se apelotonaban camellos, caballos, tigres y perezosos, más un número incalculable de otras especies bajo el fango...

Las islas Lyakoff en la Siberia septentrional están sembradas hasta tal punto con huesos de mamut que al principio se les llamó las islas Hueso. Los huesos no cubren sólo su superficie, pues como los mamuts se amontonaron sobre las islas intentando escapar de la inundación, los huesos de los animales ahogados forman bancos bajo el agua alrededor de ellas.

Comentando la catástrofe universal causante del fatal destino de tantos animales, el doctor Immanuel Velikovsky hizo observar lo súbito de sus muertes y la mezcolanza de especies en una obra suya titulada *Earth in Upheaval.*

...en los cerros de Montreal y New Hampshire y en Michigan, ciento sesenta y cinco o ciento noventa y ocho

> metros sobre el nivel del mar, se han encontrado huesos de ballenas. En muchos lugares de la Tierra, por todos los continentes, se han hallado, formando un formidable revoltijo, huesos de animales marinos, animales polares terrestres y animales tropicales; lo mismo cabe decir de Cumberland Cave en Maryland, de la fisura Chou Kou Tien en China, y también en Alemania y Dinamarca. Avestruces e hipopótamos fueron encontrados junto con focas y ciervos... desde el Ártico hasta el Antártico... en la cumbre de las montañas y en los mares profundos... se encuentran innumerables signos de indescriptibles trastornos...

Los mamuts de Siberia se han conservado en un estado de profunda congelación desde que la inundación súbita les enterrara bajo un mar de fango que más tarde se helaría y los preservaría. Durante muchos milenios se ha venido cogiendo marfil de ese formidable cementerio de mamuts, marfil que no habría sido aprovechable ni vendible si hubiese estado reseco o agrietado y no perfectamente conservado como es el caso. La preservación de los cuerpos completos de muchos de estos mamuts, con pelaje, colmillos, carne, órganos e incluso, a veces, globos del ojo, hizo creer a los siberianos tribales que las enormes bestias estaban todavía vivas, refugiadas debajo de la nieve. La palabra tungusa *mamut* significa «excavador». El profesor Charles Hapgood informa en su libro *The Path of the Pole* que el contenido en el estómago de un mamut sometido a refrigeración rápida evidenció que el animal había estado comiendo ramaje cuando la marea de agua y fango le envolvió..., una alimentación incongruente a todas luces para lo que ahora conocemos como el clima de Siberia septentrional. La velocidad de esa «refrigeración rápida» que sorprendiera a los mamuts, ha sido determinada mediante los cristales de hielo hallados *dentro* de sus pulmones.

Todas esas especies animales que parecen anacrónicas respecto al medio ambiente donde se las encontraron, murieron por la inundación o por los cambios climatológicos que la acompañaron. Con el término de la tercera glaciación, desaparecieron de Europa el gran alce irlandés, el oso de las cavernas, el uro gigante y el lobo monstruoso. Al mismo tiempo, en Sudamérica sobrevino la extinción de caballos, elefantes, leones, perezosos gigantes, toxodontes (mamíferos similares a hipopótamos) y gliptodontes (inmensos armadillos). En el sudeste asiático desaparecieron treinta especies de elefantes y todas las especies de rinocerontes menos dos.

Charles Darwin hizo un comentario pertinente respecto a la extinción de tantas especies cuando, investigando en Sudamérica, observó que casi todos los animales sudamericanos extintos eran coetános de las conchas marinas encontradas en tierra.

La posibilidad de que el hombre existiera en Sudamérica durante el tiempo de la extinción de tantas especies animales a causa de la inundación, se hizo evidente con los leones, rinocerontes y camellos esculpidos en los peñascos de las altiplanicies andinas y en las selvas sudamericanas, bajorrelieves hechos muchos milenios antes de la primera civilización amerindia que se conoce.

El gran Diluvio ha sido descrito en las crónicas más remotas de antiguas culturas. Éste ha dejado marcas del nivel de agua por toda la corteza terrestre. Las aguas de la inundación no han decrecido, solamente han cambiado de posición, ni más ni menos. Cualquier mapa de los océanos con el contorno de sus profundidades, muestra las masas terrestres existentes antes del Diluvio. Pero el descubrimiento de tantas especies animales al mismo tiempo, de sus huesos rotos y fundidos entre sí en grandes cúmulos, arrastrados por las aguas hacia el interior de cavernas y grietas, muestra quizá la evidencia más convincente de la inundación y la destrucción que cambió la Tierra.

Hay, por descontado, otro elemento a propósito para el recuerdo del Diluvio en la memoria intuitiva del hombre. Éste sería el hallazgo de una nave en el monte Ararat.

CAPÍTULO X

El choque de ideas

El 12 de mayo de 1967 un anuncio personal apareció en el *London Daily Telegraph* diciendo lo siguiente:

> NECESITO URGENTEMENTE nombre, fecha o cualquier otra información de un hombre entrado en años que murió entre 1917 y 1925 y que confesó en su lecho de muerte que durante su juventud había escalado el monte Ararat y encontrado el Arca de Noé. Escribid a: U.N. 1725, Daily Telegraph, IC.

Este requerimiento parece tener relación con el informe tantas veces citado referente a una presunta visita al Arca durante la década 1850-1860 por cinco personas, tres exploradores científicos británicos y dos guías armenios, padre e hijo. Este incidente poco común ha sido citado por varios investigadores del Arca pero, sobre todo, analizado exhaustivamente en un libro por Violet Cummings *(Has Anyone Really Seen Noah's Ark)*, ayudada por su hija, Phyllis Watson Cummings, y por su marido, Eryl Cummings. (¡Toda una familia dedicada a la búsqueda del Arca!) Eryl Cummings, que llegó a ascender dieciocho veces al Ararat, ha constituido con la búsqueda del Arca un archivo que mide hoy en día dieciséis metros y medio de longitud, tal vez el archivo más completo sobre el Arca entre todos los existentes.

La observación anteriormente mencionada hacia mediados del siglo XIX, relacionada con secretos mantenidos bajo juramento, confesiones en el lecho de muerte y notables coincidencias (el anuncio personal citado anteriormente es sólo una muestra de ellas), está considerado por los Cummings y otros investigadores como una prueba pertinente de que diversos testigos fiables han visto el Arca. Asimismo ilustra el choque entre las creencias religiosas y el desdén de los escépticos, el choque actual entre quienes tienen la Biblia por historia y la comunidad científica, incluidos expertos bíblicos que no lo estiman así.

La crítica científica de lo que parece ser, científicamente, imposible en las reseñas bíblicas sobre la Creación, el Arca, el Diluvio y la historia del hombre, ya apareció entre los «librepensadores» durante la Edad Media aunque, debido a la presencia de no pocos factores coercitivos tales como la posibilidad de acabar ardiendo en una hoguera, se procuraba guardar para uno mismo las opiniones discrepantes. Durante la era del pensamiento revolucionario, iniciada en Francia con Voltaire y los enciclopedistas, comenzaron los ataques contra las creencias tradicionales de los Testamentos Antiguo y Nuevo. Cien años escasos más tarde, la teoría darviniana de la evolución planteó dudas sobre la creación bíblica del hombre, un problema todavía objeto de discusión, pues los nuevos descubrimientos en África y otros lugares parecen determinar que la aparición del hombre sobre el planeta acaeció hace centenares de milenios, y después se ha extendido esta cifra a varios millones de años.

Mientras se libraba esa batalla sobre las ideas iniciadas o al menos popularizadas por Darwin, se constituyeron diversos clubs darvinianos en Inglaterra. Coincidiendo con ello, llegaron por aquellos días unos informes de Asia Menor a través de fuentes turcas, anunciando un segundo descubrimiento del Arca como resultado de la actividad sísmica habida en el monte Ararat.

Al conocer esa noticia, varios miembros adinerados de uno de esos clubs científicos ingleses se dijeron que podrían gastar una broma monumental yendo a Turquía, escalando el monte Ararat y demostrando que el proclamado descubrimiento del Arca era falso.

Hacia principios de la década 1850-1860, los tres amigos llegaron a Bayazit (ahora Dogubayazit) y establecieron contacto con un guía armenio, quien les propuso que él mismo podría conducirles hasta el Arca de Noé. Entonces ellos le contrataron, pero su investigación en la montaña no dio el resultado previsto. Más tarde, el hijo de aquel guía, llamado Yearam, se fue a América y sobrevivió allí hasta 1920. La explicación dada por Yearam es el único informe de primera mano que nos ha llegado a través de los años, si se exceptúa una confesión algo turbia hecha aparentemente en el «lecho de muerte» por uno de los escépticos ingleses.

Casi sesenta y cinco años después de su ascenso al Ararat junto con su padre y los ingleses, Yearam dictó todos los recuerdos sobre lo ocurrido a Harold e Ida Williams, sus benefactores y anfitriones en California. Yearam, ahora llamado Haji (el peregrino) Yearam por su peregrinaje a Jerusalén, estaba ya avejentado y enfermo, en su opinión próximo a la muerte. Entonces dijo a sus anfitriones que deseaba hacer una declaración importante antes de morir. Él no había contado nunca su secreto a nadie, pero ahora, puesto que él estaba a punto de morir y, probablemente, los otros interesados habrían muerto ya, la cuestión había perdido importancia.

Su secreto se refirió al Arca de Noé. Él dijo que su padre había guiado montaña arriba a la expedición inglesa, y había encontrado sin gran dificultad el Arca, pues poco antes se produjo un deshielo considerable. Parte de ella estaba en el glaciar cuyo deshielo había ocasionado la formación de una laguna cercana. Les había sido posible encaramarse por un costado del Arca y comprobar que la nave tenía una superestructura de varios niveles y, aparentemente, unas dimensiones que correspondían a las medidas de la legendaria Arca. Sin embargo, los científicos ingleses, en vez de mostrar satisfacción ante el insólito hallazgo se habían enfurecido y habían hecho jurar bajo pena de muerte a ambos, Yearam y su padre, que jamás revelarían aquel hallazgo a nadie. Aunque Yearam pasara largos años en América lejos del Ararat, no quebrantó jamás su juramento y sólo cambió de idea cuando sintió que iba a morir. Los detalles quedaron escritos en una agenda, firmados por Yearam y los testigos Harold e Ida Williams. Pese a su presentimiento de muerte, Yearam no murió hasta cinco años después, en 1920.

Algún tiempo después de esa muerte, Williams leyó un breve artículo del periódico local, Brockton, Massachusetts, referente a un científico inglés, quien, antes de morir, confesó a su familia haber sido uno de los exploradores que visitaron el Arca e intimidaron a los armenios hasta hacerles jurar que no mencionarían jamás la existencia del Arca. Por lo que se refiere a él y a sus dos asociados, acordaron concertar un sencillo «pacto entre caballeros» comprometiéndose a no divulgar jamás nada de lo que habían hecho o descubierto.

La agenda firmada por Yearam y el artículo periodístico de Brockton se quemaron al incendiarse el colegio sanatorio de Williams en Louisiana tras una explosión de gas butano el año 1940. Ahora bien, además de los archivos de Cummings y las declaraciones de los Williams y otros conocidos del difunto Haji Yearam, queda todavía el «anuncio personal» publicado por el *London Daily Telegraph* en 1967, un aparente requerimiento de información sobre Yearam procedente de una fuente cuyo rastro ha desaparecido hoy día.

Eryl Cummings es el ejemplo vivo de un investigador del Arca cuyo interés acuciante por demostrar la existencia del Arca le domina a todo lo largo de su vida desde que oyera mencionar por primera vez la existencia del Arca en la clase de religión cuando tenía tres o cuatro años de edad. Esa impresión inicial que determinara el curso de su vida entera, recuerda aquella otra de Heinrich Schliemann, el descubridor de la Troya antigua, quien se sintió impulsado en su carrera de exploración arqueológica hasta encontrar Troya, por un cartel histórico mostrando las monumentales murallas de Troya que él viera a la edad de siete años. Cummings empleó los beneficios de una próspera carrera comercial para financiar diecisiete expediciones personales al Ararat, siguiendo así las huellas de Schliemann y Fernand Navarra. Él hizo su último viaje en 1986 a la edad de ochenta y dos años, lo que no le restó intrepidez. Había sufrido graves heridas en la montaña al salir despedido por caballos díscolos, accidentes que no le habían hecho interrumpir su búsqueda en la montaña pero sí modificar su selección de monturas optando por las mulas o los asnos, menos temperamentales.

Algunas veces, los descubrimientos mantenidos arrinconados durante muchos años, reaparecen cuando menos se espera en la superficie. Cummings cree haber hecho contacto, recientemente, con un testigo fiable de primera mano que ha visto el Arca, pero él no está preparado aún para revelar nombres o localidades, debido principalmente a las presiones ejercidas sobre este individuo por otros investigadores incluso a posibles peligros como los deja entrever el caso de George Jefferson Greene. La persona aludida asegura haber encontrado el Arca hace cuarenta y un años en el área general (por encima del barranco Ahora) donde Cummings y varios otros creen haberla localizado. Esta persona dice haber dado con ella durante un período de deshielo favorable y afirma que sus guías penetraron en el interior del barco de madera aunque él no tuviera esa posibilidad por culpa de un temporal súbito. Sin embargo, este personaje anónimo vio, según él, la voluminosa figura de madera, desde la otra cumbre glacial. Los guías encontraron, presuntamente, materias alimenticias congeladas dentro de la embarcación y entregaron algunas de ellas al explorador: semillas, miel y lentejas. Es de esperar que se analice cuando sea oportuno esas provisiones congeladas para averiguar su antigüedad y comprobar si en tiempos remotos formaron todo un cuerpo con los trozos hallados por Navarra en la montaña. Hoy se ha conseguido precisar la antigüedad del trigo en las tumbas egipcias de los tiempos faraónicos, y algunos buceadores han catado el vino contenido en las ánforas todavía selladas que ellos llevaron a la superficie desde naufragios antiguos en el fondo del Mediterráneo. Pero, según sus informes, ese vino no ha mejorado con la edad.

Eryl Cummings y los demás exploradores vocacionales que regresan cada año al Ararat para conseguir su búsqueda del Arca, son arquetipos de aquellos cuya fe en la Biblia les induce a considerar los acontecimientos descritos allí como historia objetiva. Una opinión compartida raras veces por los científicos. El criterio arqueológico científico ha sido definido de forma sucinta por el doctor Frolich Rainey, quien fue director del Museo universitario en la Universidad de Pennsylvania cuando se asignó allí, mediante el «carbono-14», a los trozos de madera encontrados por Navarra una fecha difícilmente conciliadora con la leyenda del Diluvio: 560 d. de C. Por entonces el doctor Rainey opinó así:

–Cualquier cosa es absolutamente posible en este mundo, pero si hay algo imposible en arqueología..., éste es el caso.

Ahora bien, pese al criterio científico generalmente antagónico al valor objetivo del Antiguo Testamento, convendría hacer constar que la información geográfica y cartográfica contenida en el Antiguo Testamento fue considerablemente valiosa para los oficiales del Estado Mayor británico en las operaciones militares en Palestina, Jordania y Siria durante la Primera Guerra Mundial, una muestra de que el familiarizarse con la Biblia aporta insospechadas ventajas. Egerton Sykes lo observó así hace algunos años: «Durante los últimos treinta años han salido a la luz más hechos referentes al Antiguo Testamento que en los dos mil precedentes, y por consiguiente no se debería descartar (radicalmente) la historia del Arca.»

Si bien resulta comprensible que los librepensadores convencidos se hayan opuesto siempre a la interpretación literal del Génesis estableciendo la presencia física del Arca en «el monte Ararat», sorprende que ciertas autoridades religiosas dedicadas a los estudios bíblicos consideren que el seguir creyendo en la existencia del Arca no es ya defendible a la luz de todo cuanto se conoce ahora sobre los hechos de la historia antigua. Algunos, como el padre David María Turoldo, un teólogo italiano citado por Mario Zanot en *Dopo il Diluvio*, aduce que una gran inundación tuvo lugar pero afectó tan sólo a Mesopotamia y las regiones contiguas del Oriente Medio, lo que, en aquel tiempo y lugar, les pareció a los supervivientes un tremendo anegamiento abarcando el «mundo entero». Se describe a algunos personajes, por ejemplo Noé, como hombres justos y cabales. Esta rectitud atribuida a ellos por generaciones ulteriores, viene a justificar el porqué se salvaron ciertos individuos. El padre Turoldo insinúa que incluso después de una posible catástrofe universal moderna, tal como una guerra nuclear sin limitaciones, habría también supervivientes, nuevos Noé salvados por casualidad o elegidos para seguir viviendo y perpetuar la raza humana.

Otras autoridades bíblicas tales como el doctor Howard Teeple, director ejecutivo del Instituto de Religión y Ética de Evanston, Illinois, estiman que la creencia en la leyenda del Arca no es sólo errónea, sino también engañosa. Refiriéndose a la leyenda del Arca, el doctor Teeple manifiesta: «Gracias a mi formación profesional y doctorado en Historia antigua y temas bíblicos sé que el Arca de Noé no está en el monte Ararat porque, para comenzar, el Arca de Noé no existió jamás.» En su libro *The Noah's Ark Nonsense* el doctor Teeple sigue la pista a la leyenda sumerio-babilónica hasta que, adaptada por el judaísmo y el cristianismo, se difunde por el mundo entero en ondas cada vez más amplias como una historia sugestiva pero sin ningún fundamento histórico ni geológico. (Pero esta teoría no explica las leyendas sobre la inundación existentes en Asia, Europa, África y las islas del Pacífico muchos milenios antes de la penetración europea en esas áreas.)

Hacia 1977, el doctor Teeple vio en el *Chicago Daily News* el anuncio de una película especial para televisión, *In Search of Noah's Ark*, adaptada de un libro con el mismo título escrito por Dave Balsiger y Charles Sellier, hijo, y publicado en el año 1976. El doctor Teeple lo comentó así: «...con papel y lápiz a mano presencié la proyección televisiva. Aquel filme fue incluso peor de lo que me había temido.» Él censuró particularmente los «esfuerzos del filme para persuadir a los espectadores de que el Arca estaba allí (en el monte Ararat) y de que la Biblia es, literalmente, veraz en su conjunto». Además observó que «el filme no mencionaba la circunstancia de que esta tesis (sobre el Diluvio y el monte Ararat) ha sido rechazada hace mucho por los seminarios de las principales Iglesias y por los departamentos de religión e historia de casi todos los colegios mayores y Universidades en el mundo occidental.

Acto seguido, el doctor Teeple escribió una carta de protesta a la NBC acusándoles de filmaciones irresponsables, y envió una copia a la FCC en Washington. En su protesta, el doctor Teeple requirió de la NBC la filmación y proyección de un espectáculo superior difundido a escala nacional que debería ser, esencialmente, una producción «anti Arca» para mantener la reputación de equitativo que tenía el canal. El doctor Teeple declaró que el filme era propaganda sectaria «porque intenta demostrar... al estilo fundamentalista que la Biblia es veraz», y protestó contra la injusticia del filme para con científicos e historiadores genuinos, arqueólogos y eruditos bíblicos.

La NBC contestó a su debido tiempo manifestando que el programa había sido presentado «sólo como entretenimiento», mientras que, por su parte, la FCC *(Federal Communications Commission)* declaró que el programa no discutía un tema polémico de trascendencia pública y por indiferencia no requería una explicación. A esto, el doctor Teeple replicó que el enfrentamiento entre las dos formas de abordar la Biblia, la fundamentalista y la histórica, ha ocasionado «la ruptura de las escuelas bíblicas con los principales seminarios (religiosos). Y si ese tema no es polémico, ¿cuál lo es?».

Por otra parte, los comentarios científicos a propósito del Arca y el Diluvio han sido expresados por el doctor Bulent Atalay, profesor de Física en el Mary Washington College de Fredericksburg, Virginia. Así lo divulga *Pursuit*, revista publicada por la Sociedad para la Investigación de lo Inexplicado, fundándose en la reseña de una noticia. El doctor Atalay está especialmente cualificado para ser un comentarista cabal del Arca; es turco, hijo de un general turco, se ha familiarizado con el terreno mediante visitas personales y está capacitado para enfocar la historia del Diluvio y el Arca desde un punto de vista científico.

El doctor Atalay ha examinado la madera que Navarra trajera del Ararat, el trozo que, según el experimento del carbono, tiene entre 4.000 y 5.000 años de antigüedad. Él admite que hay marcas de azuela en la madera evidenciando la intervención del trabajo humano para darle forma. Cree que la madera puede provenir de algún santuario antiquísimo u otra construcción levantada en el monte Ararat por pueblos del remoto pasado como hititas, hurritas, babilonios o sumerios, y ahora congelada bajo el hielo.

Como científico, Atalay piensa que el informe sobre la existencia actual del Arca a una altitud de 4.290/4.620 metros y la posibilidad de que embarrancara a una altitud todavía mayor, como los 5.610 metros, es difícil de creer. Y se explica así:

–No me es posible aceptar de ninguna forma que el agua alcanzara los 5.610 metros... Sencillamente, no hay suficiente agua en la atmósfera si la condensáramos en los Polos o incluso si licuáramos éstos, para conseguir (una profundidad mundial) de trescientos o cuatrocientos metros.[1]

1. Para ejemplificar la inesperada consideración cientifíca de la teoría fundamentalista tantas veces proclamada, según la cual las aguas de la inundación provinieron del exterior de la Tierra en una gran nube cósmica conteniendo agua; citemos a Louis Frank, un físico de la Universidad de Iowa, quien, apoyado en su teoría por otros científicos de la misma Universidad, asegura que ello pudo haber ocurrido en algún momento del pasado. En un artículo del *New York Times*, en abril de 1986, el doctor Frank insinúa que el agua de los océanos terrestres no estuvo siempre ahí en sus proporciones actuales sino que, procediendo del sistema solar, ocasionó láminas de hielo y una creciente envoltura en la atmósfera. Él señala que las erupciones de agua en la Luna, el vapor de agua en la atmósfera de Venus, las áreas oscuras en los anillos de Saturno y los acantilados glaciales en las lunas de Urano denotan, entre otros ejemplos, la presencia de agua en el espacio cósmico. Aunque se haya formulado esta teoría para su aplicación a una era extremadamente remota es, no obstante, un ejemplo interesante de la frecuente similitud entre las creencias legendarias y las teorías científicas.

En 1984, el doctor Atalay acompañó a Marvin Steffins, presidente de la International Expeditions, hasta la silueta del Arca a veintisiete kilómetros del monte Ararat, que él describe como un objeto «con forma de un enorme pistacho» si bien observa que «se asemeja a un barco». Y añade: «Sus dimensiones se aproximan mucho a lo que la Biblia apunta como el tamaño del Arca... ciento cincuenta metros de longitud.» El hecho de que la altitud del objeto con forma de nave sea 1.650 metros y no 4.950 «es sin duda más aceptable». El constatar que ese objeto no está en el monte Ararat, sino a considerable distancia de él, al otro lado de un valle y pasada otra cordillera, le hace pensar que haya sido arrastrado hasta allí por una seria inundación local. Según él, después de que hubo embarrancado se formaría, posiblemente, una fortificación en torno suyo y, por consiguiente, resulta difícil perforar a través del objeto para obtener materias de fecha determinable. Atalay está familiarizado hasta cierto punto con la leyenda del Arca en el monte Ararat puesto que su tío, el director del Museo Arqueológico de Estambul, había ido a Ararat en los años cincuenta para averiguar «de una vez por todas si había algo de cierto allí». En lo referente al propio diluvio, el doctor Atalay hace constar lo siguiente: «Hoy no hay suficiente agua en la tierra y tampoco la habría habido hace cinco mil años para sumergir casi toda la corteza terrestre.»

David Fasold, a quien ya nos referimos en el capítulo IV, figura entre quienes propugnan con más positivismo y resonancia la teoría de que el objeto visto por la anteriormente mencionada expedición de 1984, es el Arca de Noé. El autor le entrevistó a su regreso del Ararat en 1985.

Pregunta: *¿Cuál le parece a usted la prueba más convincente de que la formación parecida a un barco en Tendürek es el Arca?*

Por lo pronto, Tendürek es un nombre erróneo, falta cometida por todos cuantos escriben sobre el tema del

Arca. Esa formación está ubicada en la cordillera de Akyayla, donde quienquiera que vaya allí puede verla. Las coordenadas de su posición son 39° 26' 4" latitud N y 44° 15' 3" longitud E, a 11,3 kilómetros de Dogubayazit por el sudeste. La altitud sobre el nivel del mar de sus extremos norte y sur es de 2.059,2 y 2.062,5 metros respectivamente. Pero si usted me pide una prueba taxativa le diré que ahí están las trece líneas longitudinales mostradas por el radar de subsuelo en el cual se tiene una lectura de hierro cada 30/40 centímetros, y las nueve divisiones transversales. Recuerde que la descripción babilónica del Arca la representaba con *nueve* divisiones.

¿Qué opina usted sobre las demás embarcaciones halladas en el Ararat?

Cuando se habla de embarcaciones en el Ararat es, realmente, como hablar sobre una colección de ellas. Roskovitsky dijo haber visto una moldeada como un submarino con tres mástiles gruesos sobre el dorso y el velamen suficiente para hacerla virar en redondo. George Hagopian la representó con 330 metros de longitud y ciento noventa y ocho de amplitud. Según el príncipe Nouri, la que él visitó tenía trescientos metros de longitud. Las diferentes reseñas van desde cajas rectangulares hasta los submarinos; la tradición nos cuenta que un sauce creció en una plancha del Arca.

¿Acaso alguna de esas arcas descubiertas era en realidad el Arca enterrada?

El descubrimiento de Resit en 1948 podría ser. Él dijo que había visto las líneas curvas internas de una nave en sus campos, esto ahora ha quedado más al descubierto por la acción de la erosión y, asimismo, el movimiento sísmico ha hecho descender el nivel del suelo, con lo cual el objeto es más perceptible hoy día. Recuerde lo que dijo Resit. «No es una formación rocosa. Yo reconozco un barco cuando lo veo.» La clave en esa historia de Resit es que cuando los aldeanos iban a verla, según él, se marchaban sorprendidos porque allí no había ninguna tradición acerca del Arca. Dicho de otra forma, no estaba en el Ararat. El hecho de que no se econtrara jamás a Resit se debió a que la gente le buscaba en las aldeas de Ararat a treinta kilómetros de distancia, mientras que el verdadero Resit vivía hacia el sur, esperando, probablemente, que alguien llegara para entrevistarle. El 24 de junio de 1986, David Fasold localizó y entrevistó a un hombre llamado Resit mediante el oportuno procedimiento de ir a Masher, ahora conocida como Uzengili, y preguntar si un hombre llamado Resit vivía allí. Así fue, y el hombre, cuyo nombre completo era Resit Sarihan, estuvo bien dispuesto a hablar sobre el Arca enterrada. Declaró ser el mismo Resit cuya historia sobre el Arca fuera publicada por la Prensa de Estambul el año 1948, fecha en la que él tenía veinte años de edad. Añadió que un terremoto ocurrido hacia mediados de mayo de aquel mismo año había impulsado hacia arriba el objeto con forma de nave a un campo que Resit había arrendado. Él lo explicó con estas palabras: «¡Apareció en medio de mi campo deshaciéndolo por completo! Algunos habitantes de la aldea interpretaron la aparición del arca como un mal presagio y los inquilinos de veinte casas se marcharon.» Fue algún tiempo después de eso cuando se cambió el nombre de Masher, «Día del Juicio», por Uzengili, «Estribo».

¿Cree usted que ese modelo de arca, ahora en Akyayla, estuvo en otro tiempo en lo alto del monte Ararat? ¿Hay algún

indicio visible sobre el lugar donde pudiera haber estado situada con anterioridad?

Nunca estuvo en el Ararat. Encalló en un valle de montaña hacia el Este y más tarde se deslizó cuesta abajo y después de recorrer unos trescientos treinta metros se quedó donde está ahora. A ello siguió una avalancha aluvial pero fue detenida por una gran roca que se estrelló contra su costado, haciéndola girar hasta ocupar su posición actual. Aún se puede ver la brecha en su banda de babor. El saliente de la roca la mantuvo allí, y el fango descendiendo por la ladera la cubrió. Según creo, el tajamar donde el Arca encalló por primera vez y donde se pueden ver aún las anclas de piedra, sigue todavía a trescientos treinta metros de altitud.

Considerando el tamaño del Arca, ¿cree usted que ocho personas sean suficientes para tripular la nave y al mismo tiempo cuidar de los animales?

Yo diría que iban más de ocho a bordo. Noé y Sem eran los que llamaríamos hoy en día los principales contratistas. Con toda probabilidad se tardaría un año en construir una nave de semejantes dimensiones y ahí participarían bastantes personas, algunas de las cuales embarcarían, probablemente, con Noé en el Arca.

Si ésa es el Arca, ¿qué ocurrió con la madera?

La expresión «madera resinosa» empleada en el Génesis es sin duda un error de traducción. Estas palabras no aparecen en ningún otro pasaje de la Biblia. Lo que tenemos aquí es una embarcación de carrizo cubierto por una sustancia bituminosa semejante al asfalto, más piedra pómez y otros agentes catalizadores con un revestimiento final de resina..., en suma, una embarcación, básicamente, de cemento. La única piedra pómez que existe en el área circundante está incorporada a esa embarcación. Hay módulos de manganeso proveniente del Arca, feldespato descompuesto y silicato cálcico... todo ello parte de un conglomerado bituminoso vertido sobre una estructura de carrizo.

Y, ¿flotaría una embarcación semejante?

¿Flotan los barcos de cemento? ¡Claro que sí! Flotan los barcos de hierro y flotan los barcos de cemento. Incluso durante la Primera Guerra Mundial se construyeron barcos de cemento llamados «los ataúdes del Káiser», y en la Segunda Guerra Mundial construimos flotas enteras de cemento.

¿Cómo relaciona usted las medidas bíblicas dadas para el Arca con las medidas de la embarcación de Akyayla?

Hay cierta variedad de codos. El codo a que se refiere la Biblia en este caso es el mismo utilizado para la gran pirámide faraónica de Khufú y las columnas del templo de Salomón, es decir, 52,32 centímetros. Como la embarcación que nos ocupa mide 169,95 metros tendremos el resultado exacto si multiplicamos los 52,32 centímetros del codo por 300.

¿Cree usted que la formación de Akyayla será aceptada algún día como el Arca de Noé?

Creo que los arqueólogos lo aceptarán, máxime cuando el interior ha sido fotografiado mediante el radar con superficie de contacto, y la aceptarán como un gran vestigio de los tiempos sumerios. Sus contornos muestran todavía las arqueadas popa y proa proyectándose hacia arriba similares a las representaciones de naves de la antigua Mesopotamia y a las embarcaciones de papiro egipcias. Pero no creo que la acepten los fundamentalistas, pues ellos parecen pensar que si no está en el Ararat ni es de forma *rectangular* no puede ser el Arca. Sea como fuere, la idea de un Arca rectangular se origina con un error en la traducción de la Biblia al griego, pues la palabra hebrea que significa «arca», *tabah*, fue traducida al griego como *kibotos*, cuyo significado es «caja». Además, la Biblia no dijo nunca que el Arca estuviese en el monte Ararat sino en *las montañas de Ararat* (Armenia). Ésa es la razón de que casi todo el mundo la busque en el Ararat y sólo unos pocos entre nosotros emprendamos esa búsqueda dondequiera que pueda encontrarse el Arca de Noé.

Egerton Sykes ha formulado una ingeniosa explicación para asociar la forma del Arca con el asentamiento de ésta en el monte Ararat: «Mi reconstrucción de esa secuencia de acontecimientos es que el Arca varó, realmente, en el Ararat o cerca de él justamente cuando las laderas estaban cubiertas con lava pastosa, donde se hundió la nave dejando esa impresión tan célebre hoy en día. No hay ninguna razón para que los maderos no hayan permanecido *in situ* hasta que los recogiesen los lugareños para construir viviendas o incluso utilizarlos como combustible.»

Fundándose en su experiencia personal, Sykes pronosticó probables reticencias rusas cuando llegara la hora de autorizar que unos extranjeros examinaran los supuestos maderos del Arca: «Es extremadamente dudoso que los soviéticos se presten a cooperar permitiendo que el presunto maderaje del Arca en la Catedral de Echmiadzin sea examinado por expertos independientes, pues cabe suponer que el hecho de verificar la existencia de Noé y de su Arca es contrario a su política religiosa.»

La considerable distancia existente (veintidós kilómetros y

medio) entre el Ararat y la formación en la cordillera de Akyayla parece excluir, definitivamente, la probabilidad de que ambos emplazamientos representen vestigios de la misma nave. Por tanto, nos quedamos con la intrigante posibilidad de que haya dos naves antiguas (o arcas) en la misma área, una en el monte Ararat y otra en la cordillera de Akyayla, junto a la aldea con el extraño nombre de Masher (Día del Juicio Final). La cuestión de averiguar cuál es la verdadera arca se complica aún más con una declaración del Corán, libro sagrado del Islam, aseverando que el Arca embarrancó en la montaña de Al Judi. El Corán, que tiene abundante documentación en común con el Antiguo Testamento y algunas partes del Nuevo Testamento, determina taxativamente en el Sura XI *(Hud)* al describir el fin del Diluvio: «...Y se dijo, Oh tierra, que engulleses las aguas y que tú, Oh cielo, retuvieses tu lluvia. E inmediatamente el agua remitió y se cumplió lo decretado y el Arca descansó sobre la montaña de Judi...»

El monte Al Judi, escrito Cudi-Dağh en turco, significa «lo más alto» o «las alturas» en árabe y por esta razón diversas personas de la Turquía oriental, incluidos algunos eruditos islámicos, piensan que *Al Judi* se refiere al *Ararat.* Pero, a decir verdad, Cudi-Dağh está situado al sur del lago Van, y tiene una altura de 2.541 metros. Los habitantes tribales locales sostienen que el Arca se asentó sobre una cumbre en la cadena montañosa de Cudi y que sus restos están todavía en lo más alto de Cudi-Dağh (la montaña más elevada de aquella zona. Un montañero y escritor alemán, F. Bender, describió en un artículo publicado por *Kosmos* (revista de Stuttgart, cómo él y una partida curda ascendieron hasta la cima del Cudi-Dağh en 1956 y «encontraron residuos de madera en el pico».

Aparte de las susodichas alturas, hay otro Al Judi todavía más al sur, cerca de la frontera turco-siria. Por lo general se supone que el monte Demavend fue el lugar de descanso del Arca, y hay todavía restos de ella cerca de la cumbre. Ivan Sanderson, ya difunto, autor, explorador y antiguo oficial del servicio secreto británico, así como fundador de la Sociedad para la Investigación de lo Inexplicado, comentó, al exponer su propia investigación del Arca, «la variedad de "Arcas" diseminadas por la zona comprendida entre las fronteras turca, rusa, iraquí e iraní».

El *London Daily Telegraph* comentó en una de las muchas crónicas suscitadas por el descubrimiento de dos o más Arcas: «...el descubrimiento de dos Arcas... una en la Anatolia septentrional y otra a varios kilómetros de distancia cerca de la fron-

Reconstrucción del Arca «enterrada» en la cordillera de Akyayla mostrando los rasgos básicos de la estructura. La líneas fluidas en el terreno debajo de la presente nave, denotan su descenso desde un nivel superior. La abertura en el costado es una indicación del lugar donde fuera detenida por una formación rocosa durante su descenso. El dibujante cree ahora, a raíz de los descubrimientos posteriores, que la nave no estaba cubierta con planchas, sino con una especie de cemento aplicado sobre palletes de cañizo. Dibujo © de David Fasold.

tera siria...» Y terminó diciendo en una explosión de comedido humor británico: «Tal como ocurriera con todo en la historia de Noé, parece natural que las Arcas lleguen también por parejas.»

Pero, con arreglo a las múltiples leyendas transmitidas por tribus y pueblos del mundo entero, las montañas donde embarrancaron presuntamente las naves supervivientes, no quieren ser menos que las Arcas y tampoco se limitan a dos. Tales montañas están esparcidas por toda la superficie terrestre. Algunas son identificables, otras parecen ser legendarias o haber tenido unos nombres que han ido cambiando desde la antigüedad. Y todavía hay otras montañas hechas por la mano del hombre, como la pirámide de Cholula en México y la pirámide de Khufú en Egipto que tienen fama de haber sido construidas para salvaguardar los conocimientos acumulados por el hombre (Khufú) a proveer un refugio contra el Diluvio universal (Cholula).

Las montañas citadas en las leyendas sobre la inundación son por lo menos cincuenta, y las leyendas sobre ciertos individuos o jefes tribales que escaparon a la catastrófica inundación e iniciaron una nueva vida en un mundo distinto, son más de cien.

La supervivencia del género humano, amenazado por una inundación, mediante la provisión de una nave providencial que le salvará de las aguas, es una idea natural y verosímil, es la primera narración del Génesis que no requiere razonamientos teológicos para su comprensión. Este concepto ha sido preservado por todos los pueblos mediante reseñas, dibujos y bajorrelieves desde las eras prehistóricas. En lo más profundo de las cuevas distribuidas por Europa, África, Asia y América se encuentra una inquietud inusitada por representar grandes embarcaciones capaces de transportar mucha gente ornamentando las paredes cavernarias, junto con pinturas más sencillas de mamuts, uros, caballos salvajes y otros animales comestibles así como aquellos más peligrosos para los cazadores primitivos. Pero esos dibujos cavernarios de embarcaciones, llevando animales algunas veces y siempre atestadas de gente, son las únicas representaciones pictóricas de grupos humanos (exceptuando algunas escenas primitivas de caza) encontradas en paredes cavernarias desde los tiempos del hombre prehistórico. Estas embarcaciones, cualesquiera de ellas entre las halladas en la primitiva Sumeria, Egipto, España, Suiza, Gran Bretaña, Escandinavia, África del norte o California, tienen una asombrosa semejanza entre sí, y ciertos individuos a bordo de ellas parecen enarbolar el mismo estandarte semejando una explosión solar. Si esas embarcaciones significan el recuerdo de una huida masiva ante una inundación, sus tripulantes serán otros supervivientes, aparte de los Noé del Oriente Medio, y entonces el concepto de una inundación catastrófica afectando al mundo entero será una realidad plausible.

El artefacto tantas veces atisbado, presuntamente, en el monte Ararat podría haber subsistido durante muchos siglos si hubiese estado cubierto de hielo glacial. La madera, una materia de rápida descomposición por lo general, se conserva si está debajo de hielo, fango congelado, estiércol, tierra o arena. El fango es un excelente conservador del tejido, humano o animal, como se ha demostrado con los tigres encontrados en Alaska y el Canadá septentrional, los mamuts de Siberia e incluso ciertos cadáveres humanos con milenios de antigüedad, hallados en profundos depósitos de fango en Dinamarca, Polonia e Inglaterra, únicos cadáveres entre los incontables miles de millones de muertos terrestres cuyos rostros han conservado las mismas facciones que cuando esos seres vivían muchos cientos de años atrás. La arena, la tierra y el hielo han revelado la existencia de otras grandes naves en el correr de los siglos, cuya forma u ornamentación, a veces con inscripciones, no se asemejan a las de ninguna cultura marítima conocida.

Una nave semejante apareció cerca de Nápoles hacia finales del siglo XV y fue descrita por el historiador italiano Giovanni Pontaro que visitó el lugar del hallazgo (Harold Wilkins: *Secret cities of South America*). Se halló aquella nave como consecuencia de una perturbación sísmica que partió en dos la cumbre de una montaña, y ésta expulsó una embarcación antiquísima entre grandes rocas y avalanchas de piedras y tierra. Los exámenes posteriores revelaron que la reliquia se diferenciaba de cualquier otra nave antigua del Mediterráneo, pues no era romana ni griega, no tenía nada de cartaginesa o fenicia, y su antigüedad era tal que estaba petrificada.

Esta alusión a la petrificación nos recuerda al Arca enterrada en Akyayla, al sur de Dogubayazit cuyas aparentes bordas parecían estar hechas de piedra, tierra compacta o cemento. También nos trae a la memoria los moldes de lava de figuras humanas e incluso perros en Pompeya y Herculano, moldes que han inmortalizado a algunas víctimas de la erupción del monte Vesubio en el año 79 d. de C.

Un incidente similar tuvo lugar en Suiza y también durante el siglo XV. Unos mineros trabajando en una galería a treinta metros de profundidad, encontraron una enorme ancla de hierro y poco después los restos de una embarcación de madera, «bien labrada», ornamentada con bajorrelieves y conteniendo todavía numerosas calaveras entre sus maderos rotos. En 1540, pocos años después de la conquista de Perú, buscadores españoles de oro siguiendo el rastro de tesoros ocultos que, a su juicio, los indios peruanos mantenían en secreto, encontraron una pared de madera en un túnel que estaban abriendo debajo de una colina junto a El Callao. La excavación continuó y reveló los restos de una inmensa nave de madera que se diferenciaba por completo de las embarcaciones mayores con que los incas emprendían sus travesías oceánicas desde la costa occidental de Sudamérica.

Otra nave antigua no menos misteriosa fue descubierta durante la fiebre del oro en Alaska y descrita con cierto detalle en el *San Francisco Examiner*, junio de 1908, que señaló el hallazgo de un «inmenso casco de barco en lo alto de unas colinas dentro del círculo Ártico y tierra adentro a mucha distancia del mar». El descubrimiento se debió a un minero, M. J. Brown, quien corroboró unos informes presentados con anterioridad por K. C. Moran y otros mineros, nativos de Alaska y rusos. Brown manifestó ante la Prensa que la nave era de «proporciones enormes» y, evidentemente, había sido utilizada durante algún tiempo por los indios como «secadero para el salmón». Se insinuó que tal vez la gran estructura no fuera una nave, sino un fuerte ruso flotante (!) que las sucesivas resacas habrían introducido muchos kilómetros tierra adentro, pero con los exámenes ulteriores se concretó la forma de una embarcación con escotillas y pasadizos. La madera congelada pareció tener gran antigüedad y se caracterizó por unas decoraciones e inscripciones insólitas. La estructura empleada para esas inscripciones no tuvo ninguna relación, según los expertos encargados de analizarla, con el ruso, el chino, el griego o cualquier otro lenguaje moderno conocido por los analistas.

Es imposible hacer conjeturas sobre cuántos serán los demás barcos que están descansando todavía bajo tierra o en el fondo marino, pues, sobre todo estos últimos, habrán desaparecido, probablemente, hace tiempo. Las naves que han sido encontradas debajo de colinas, tal vez hayan llegado de allí porque sus pilotos huyeron de alguna inundación catastrófica con olas tan tremendas que las embarcaciones no sólo serían impulsadas hacia el interior, sino que por la acción de los sucesivos embates y de la fuerte marejada quedarían sepultadas, literalmente, bajo el fango que más tarde se endurecería sobre ellas. Y allí permanecerían durante milenios hasta que los mineros las encontraron. Los mineros, no viendo ningún beneficio posible para ellos ni para la arqueología que todavía era por entonces una ciencia incipiente, emplearon el maderaje en el apuntalamiento de la galería minera, y, por tanto, destruyeron todas las pruebas.

Los lugareños de los Alpes franceses, en las cercanías de Chambéry, solían mostrar a los visitantes inmensos anillos de hierro y bronce asegurados firmemente a los peñascos de la montaña y cuya finalidad era inconcebible. Los lugareños lo explicaban diciendo que esos misteriosos anillos habían servido para el amarre de las naves «en tiempos lejanos, cuando las aguas del Diluvio cubrieron la tierra...». Las grandes anclas pétreas formando parte del aparejo de aquellas naves antiquísimas, estaban compuestas por enormes piedras rectangulares, triangulares o piriformes perforadas en un vértice para pasar por el orificio una cadena o maroma.

Durante una expedición en el año 1978, Ron Wyatt examinó dos de dichas anclas en el monte Ararat. Él dictaminó que eran anclas pétreas por su forma y por la abertura redondeada en el vértice. Las piedras se hallan todavía en una planicie al pie de las colinas, a unos diez kilómetros y medio de Dogubayazit, por el sudoeste. Tienen 3,3 metros de altura, 1,65 de ancho y 0,66 de grosor en la base. Pueden haber pertenecido indistintamente al Arca debajo del glaciar o al Arca enterrada o solidificada en Masher o incluso a otra nave diferente. Ambas anclas, una de las cuales está rota en el orificio, se hallan alineadas con la trayectoria teórica seguida cuesta abajo por el Arca enterrada. Ni una ni otra son conglomerados, sino que están hechas de piedra compacta. Cada una tiene ocho cruces grabadas, representando, supuestamente, las ocho personas del Arca de Noé; es probable que las grabaran armenios u otros peregrinos cuando las anclas fueron descubiertas por primera vez hace centenares de años.

Cualesquiera sean los orígenes de esas cruces, las anclas son lo único que suscita una pregunta pertinente: si el «Arca» de Masher es, simplemente, una formación natural y la nave del Ararat un mero edificio o fuerte antiguo de madera, ¿a qué vienen esas anclas de gran embarcación en las pendientes del monte Ararat?

CAPÍTULO XI

El Arca y la realidad

La causa física del Diluvio ha sido atribuida por los científicos que creen en él, a una variedad de acontecimientos geológicos y/o astronómicos ninguno de los cuales, salvo la licuación de la última glaciación, ha sido demostrado de manera definitiva. Entre tales teorías figuran las siguientes: intrusión de un planeta (Venus) en nuestro sistema solar con el consiguiente caos del planeta Tierra; captación de un planeta menor (hoy la Luna) por la Tierra; paso de la Tierra por la cola de un cometa o colisión frontal con la cabeza del cometa; colisión entre la Tierra y un gran asteroide causando el hundimiento de islas en el océano lo que desencadenó olas de maremoto sobre tierra firme; desplazamiento del eje polar y/o cambio de la rotación terrestre acompañado de alteraciones considerables tierra-mar e inmensas inundaciones temporales.

Tales son las hipótesis científicas de la Geología, la Astronomía y la Climatología. Muchos científicos, quizá la mayoría, refutan el concepto de una gran inundación arrasando la superficie terrestre con olas cósmicas que se estrellan contra sus montañas, pues ellos prefieren una explicación más gradual y cadenciosa: los cambios en las especies animales y en la conformación de la tierra han llegado por gradación. Según se postula, no se ha producido una violencia excepcional, salvo los terremotos durante centenares de milenios, quizá millones de años. Contrastando con esta teoría del cambio gradual se observa que, con los hallazgos del último siglo, el péndulo del pensamiento científico tiende a alejarse de la confortable teoría sobre el cambio gradual para inclinarse hacia una ilustración más dramática desde la extinción relativamente súbita de los dinosaurios (después de una existencia planetaria de 55 millones de años) hasta la extinción de muchos de los grandes mamíferos terrestres en la era relativamente moderna de los 11.000/12.000 años anteriores a las fechas presentes.

Además de las hipótesis científicas, y algunas veces combinadas con ellas, hay tradiciones religiosas transmitidas a través de los siglos y creídas en diversos grados por una gran parte de la población terrestre. Estas creencias coinciden entre sí en lo referente a una inundación con olas de maremoto, acompañada por lo general de seísmos, erupciones volcánicas y hundimientos y a veces de la elevación de vastas áreas terrestres. Comprensiblemente, las leyendas de las razas del mundo sobre la inundación interpretan la catástrofe como una consecuencia de la ofensa infligida por el hombre a Dios, al cielo o a los dioses particulares de los panteones religiosos sumerio, babilónico o egipcio.

Las tradiciones judeocristianas e islámicas presuponen que el género humano fue castigado por sus acciones malévolas, con unas pocas excepciones a favor de individuos ejemplares, tales como Noé y su familia. Sencillamente se borró del mapa al género humano para permitir que la Humanidad iniciara una vida nueva. En efecto, hubo una advertencia divina al género humano mediante la construcción del arca por Noé, pero se la desdeñó.

¿Qué había hecho el género humano para despertar la ira de Dios? El Antiguo Testamento aporta sólo una información general. Génesis 6:5: «Viendo Yavé cuánto había crecido la maldad del hombre sobre la Tierra y que su corazón no tramaba sino aviesos designios todo el día...» Y 6:11: «La Tierra estaba toda corrompida y llena toda de violencia.»

Referencias posteriores sobre el castigo del hombre en el

Nuevo Testamento relatan el castigo divino de Sodoma y Gomorra por su estilo de vida. II San Pedro, 2:5 y 6: «Ni perdonó tampoco al viejo mundo, sino que sólo guardó a Noé, como heraldo de la justicia, cuando trajo el diluvio sobre el mundo de los impíos; y a las ciudades de Sodoma y Gomorra las condenó a la destrucción, reduciéndolas a cenizas para escarmiento de los impíos venideros.»

El Corán dice asimismo que se dio a Noé la oportunidad de advertir al pueblo de Ad sobre la inminencia de la inundación. (Parece interesante observar que Ad o At es la primera sílaba de Atlántida en varias culturas antiguas.) En el Sura VII del Corán se lee: «Los caudillos de su pueblo dijeron, "te vemos vagar (en pensamiento) a todas luces".» Y de nuevo: «¡Ah, te vemos cual un imbécil y creemos que eres un embustero.» A lo cual Noé replicó: «No soy imbécil, sino un apóstol del Señor y amante de los mundos. Sólo cumplo hacia vosotros los deberes de mi misión impuesta por el Señor.» Esto significa que Dios estaba brindando al pueblo de Ad la ocasión para reformar sus vidas y sobrevivir.

El Sura VII narra el desenlace: «La advertencia de Noé fue desestimada por su generación, y todos resultaron muertos por el Diluvio. Hud (otro profeta) afrontó el desafío de su propio pueblo «Ad», pero una explosión terrorífica destruyó a aquella gente. Sus sucesores, los Thamud, estaban hinchados de orgullo e injusticia..., pero un «terremoto los sepultó por sus pecados... Una lluvia de azufre y fuego asoló las ciudades del llano por su concupiscencia sin precedentes contra la cual les advirtió Lot».

La referencia a Lot y a las ciudades destruidas, emparejada y aparentemente relacionada con referencias sobre el Diluvio y Noé, aparece también en el Nuevo Testamento (II San Pedro, 2:5-6 y San Lucas, 17:26-29). Ello nos induce a preguntarnos si Sodoma y Gomorra no serían víctimas de los desastres sísmicos habidos durante el tiempo del Diluvio.

En las numerosas leyendas mundiales se han dado diversas razones para explicar el descontento divino. Sin duda, una de las más inusitadas es la referente al castigo del género humano por los dioses de las leyendas babilónicas, quienes pensaban que el hombre estaba haciendo demasiado ruido y alterándoles en sus moradas; quizá sea la primera mención conocida de las perturbaciones causadas por los ruidos. En las leyendas amerindias hay referencias al castigo del cielo por la matanza de ciertos animales sagrados o el quebrantamiento de otros tabúes. La culpabilidad de un individuo o toda una tribu por violar tabúes se encuentra en diversos grupos desde el Ártico hasta el confín de Sudamérica y las islas del Pacífico, y, según las leyendas, ha sido causa de castigos celestiales en forma de inundación, terremoto y fuego. Otros comentaristas antiguos hacen observar que las grandes catástrofes sobrevienen de modo cíclico al margen de las acciones humanas para bien o para mal. Después de consultar leyendas y estadísticas antiguas, el filósofo griego Heráclito pensó que las catástrofes globales sobrevienen cada diez mil u once mil años. Comoquiera que el último cambio glacial aconteció hace once mil años, la próxima catástrofe mundial, al menos según la teoría de Heráclito, sobrevendrá en un próximo futuro.

Entre las muy diversas razones atribuidas, indistintamente, a los poderes celestiales o a las causas naturales para el aniquilamiento casi total de la raza humana en tiempos de la inundación, hay ciertos recuerdos y tradiciones escritas de antiguas civilizaciones tales como Egipto, Grecia, India e incluso tribus indias de América donde se insinúa que el propio hombre causó la catástrofe al desencadenar unas fuerzas destructivas que se desmandaron. Así lo sugieren los escritos de Platón y otros, quienes lo relacionan con el destino fatídico de la Atlántida, en otro tiempo centro de un poderoso imperio en el océano Atlántico que sucumbió en una guerra fatal y definitiva. El concepto de una actividad bélica ilimitada causando el fin del mundo anterior ha sido conservado en las leyendas de los indios hopi, pequeños vestigios de un pueblo mucho más importante antaño, una guerra que tuvo lugar hace tanto tiempo que se ha perdido toda reseña de ella salvo ciertos recuerdos transmitidos de generación en generación desde el remoto pasado.

Esos recuerdos (*Book of the Hopi*, Frank Waters y White Bear) hablan de urbes y civilizaciones en la tierra que sucumbieron porque «cuando las gentes tuvieron todo cuanto necesitaron, quisieron todavía más y las guerras comenzaron...» culminando con la destrucción de las urbes por los *patuwvotas* (superbombarderos) en guerras que no cesaron hasta que la tierra y el mar cambiaron de lugar sumergiendo en el fondo marino a «todas las altivas ciudades, los *patuwvotas* volantes y los tesoros del mundo corrompidos por el mal...».

Es en las obras clásicas hindúes, particularmente el *Mahabharata*, donde aparecen las descripciones más sorprendentes de aquella guerra prehistórica. Se refieren a acontecimientos ocurridos muchos milenios antes de que se escribiera el *Mahabharata*, y recordemos que este clásico fue escrito en la antigüedad. Cuando el *Mahabharata* fue traducido por vez primera a las lenguas europeas hacia comienzos de la década 1830-1840, se tomó los acontecimientos descritos allí por reseñas fantásticas de guerras entre dioses. En aquellos días no tuvieron ningún sentido para el lector. Hoy, sin embargo, después de dos guerras mundiales y los acontecimientos posteriores, sus extrañas inferencias son fáciles de comprender.

Secciones del *Mahabharata* tales como la *Mausala Parva* y la *Drona Parva* describen una bomba («el Rayo Férreo de la Muerte») que estalló «con la luminosidad de diez mil soles» y tuvo capacidad para matar a muchos miles de enemigos con una sola explosión. Su estallido se caracterizó por la proyección de oleadas de nubes letales que se abrían «como parasoles gigantescos» y absorbían en su centro a soldados y carros, caballos y elefantes soltando acto seguido unos cuerpos calcinados e irreconocibles. Los heridos supervivientes sufrieron horribles quemaduras, perdieron parte de la piel, se les cayó el pelo y las uñas y, tarde o temprano, todos murieron. Incluso se describe la contaminación de los alimentos con tanta minuciosidad como la necesidad de que los supervivientes se laven bien y limpien su equipo en los arroyos. Como coincidencia final, las medidas de ese «Rayo Férreo», un metro y medio más 0,66 metros, corresponden al tamaño de la segunda bomba atómica empleada en combate..., la que cayera sobre Nagasaki. Desde 1945, todos nosotros sabemos que nuestras bombas eran reales y terminantes. Pero nos preguntamos si las bombas destructivas de la India antigua, descritas con tanto detalle, fueron sólo imaginaciones de escribas.

En respuesta a ese interrogante, cabría observar que los numerosos esqueletos desenterrados al excavar las calles de Mohenjo-Daro, Pakistán, resultaron ser unos despojos con más contenido radiactivo que cualesquiera otros, humanos o animales, jamás encontrados.

El Antiguo Testamento (Zacarías 14:12) ofrece una descripción inquietante de las pérdidas por venir en un conflicto futuro, que se asemeja bastante a la del *Mahabharata*: «...sus carnes se corromperán mientras están en pie, se consumirán en sus cuencas los ojos...»

Otra predicción (¿o tal vez recuerdo?) de lo que ahora asociamos a una descripción de la guerra nuclear, se encuentra en el Libro de Esdras *(Biblical Apocrypha)*: «...enormes y poderosas nubes... se elevarán para destruir la Tierra junto con sus habitantes... no quedará nadie para cultivar la tierra o sembrarla...»

Las persuasivas referencias en el *Mahabharata* a lo que ahora nosotros reconocemos como descripciones perceptivas del empleo de bombas atómicas para guerrear, hacen pensar en la posibilidad del descubrimiento y empleo de la energía atómica por una civilización que existió con anterioridad a lo que ahora nosotros reconocemos como historia. Ahora bien, puesto que nuestra propia civilización ha alcanzado una gran capacidad atómica en un espacio de seis mil años y los constantes descubrimientos arqueológicos hacen remontarse sin cesar en el tiempo a la existencia civilizada del hombre, cabe suponer que la Humanidad ha tenido diez o quince veces ese espacio de tiempo para desarrollar toda una serie de civilizaciones que fueron destruidas o se destruyeron mediante catástrofes atómicas.

La amenaza consistente en el aniquilamiento súbito del mundo como una advertencia preliminar (suponiendo que se dé) de sólo unos minutos ha predispuesto a los pueblos del mundo entero a esperar ese «peor de los casos» que la proliferación de ojivas atómicas y el número creciente de belicosas entidades nacionales con capacidad suficiente para fabricar sus propias bombas atómicas no pueden mitigar.

Es conveniente colegir de la historia que todas las armas inventadas hasta la fecha han sido utilizadas, y más de una vez. Los efectos de la guerra termonuclear tanto sobre la tierra como en el espacio o desde el espacio, puede significar el posible fin del mundo... al menos para la Humanidad. Y tal vez ese final fuese súbito si un número elevado de ojivas nucleares estallaran con la energía suficiente para cambiar el ángulo de la rotación terrestre, licuar los caquetes de hielo, transformar la atmósfera en un vapor ponzoñoso o abrir un boquete en la capa protectora de ozono que circunda el planeta. Un fin más gradual y menos doloroso resultaría de un «invierno atómico» con la muerte de rebaños y la eliminación de cosechas, como consecuencia de una modificación atmosférica o térmica o por los efectos de la radiación, y el hombre desaparecería del planeta como sucedió con los dinosaurios.

La comprensión de lo que afrontamos ha provocado el interés público por las profecías del presente y también aquellas del pasado que afecten a nuestro futuro. Este interés es notable, incluso entre grupos magníficamente informados sobre los progresos de la ciencia, un anacronismo que, si se piensa bien, debiera ser relegado a las supersticiones de la Edad Media. Pero, cuando se trata de profecías, estamos manejando el tiempo, es decir, un factor tan misterioso como el espacio y no menos difícil de describir, pues el tiempo, a semejanza del espacio, no tiene límites.

Aunque se haya logrado ya medir el tiempo hasta porciones tan ínfimas como los microsegundos, queda todavía por averiguar en qué dirección fluye, no sólo hacia delante tal como lo concebimos sino también (según sugieren algunos astrónomos) trazando una curva o un círculo e incluso hacia atrás. Los conocimientos más recientes que hemos adquirido respecto al tiempo y al espacio nos han procurado mucha y muy valiosa información, pero todavía existe un vacío conceptual dentro del cual las predicciones y los pronósticos de lo que denominamos «la Edad de las tinieblas» recobran una posible validez..., validez que, a decir verdad, no han perdido jamás.

El final del mundo en nuestros días ha sido predicho de forma dramática por diversos profetas, muchos de los cuales vivían en el distante pasado y no tenían la menor noción de nuestro sistema cronológico para contar los años antes y después de Cristo. Por otra parte, esas profecías antiguas iban asociadas al paso de otros acontecimientos que, transportados a nuestro propio sistema de contar años, son todos coincidentes al indicar por encima del tiempo y de las civilizaciones que el fin del mundo, tal como lo conocemos, tendrá lugar dentro de pocos años a partir del 2000 d. de C. Antes de 1945 era mucho menos concebible que la Humanidad pudiera perecer de un modo tan súbito, y menos todavía en una fecha de proximidad tan incómoda. Pero hoy día, con 50.000 ojivas nucleares prestas para el lanzamiento entre las potencias contendientes, y muchos más en proceso de fabricación, el fin súbito del género humano no parece tan inverosímil.

Quienes formularon las antiguas profecías referentes a una catástrofe final en el distante futuro ignoraron, como es natural, que sus desastrosos vaticinios coincidieran con otras predicciones hechas en diferentes partes del mundo, regiones en donde la tradición y las creencias religiosas tenían profundas raíces, a saber, el Oriente Medio, Asia meridional, África del norte, la América prehistórica y la Europa medieval. Vale la pena observar que cuando comparamos nuestro propio sistema de contar con los tiempos equivalentes en otros sistemas más antiguos, las fechas formuladas para esa futura jornada fatídica o Día del Juicio Final, coinciden en grado notable. Además se deberían tener presentes las profecías hechas dentro de los últimos quinientos años, ya que se anticiparon bastante junto con otras predicciones que más tarde resultaron ser ciertas.

En las edades tenebrosas de la prehistoria, la India estableció un sistema para medir el tiempo que es todavía válido en los cálculos religiosos y astronómicos de los hindúes. El ciclo actual se denomina Kali Yuga (edad de Kali, una de cuyas manifestaciones es la diosa de la Muerte) y tendrá su fin así como el mundo actual a principios del siglo XXI..., el año 2000.

Según el Antiguo Testamento, particularmente en Daniel (11,12), Ezequiel (36, 37, 38), Joel (2, 3) e Isaías (23, 24) más las referencias en San Lucas y San Mateo, el Día del Juicio Final vendrá *después* del regreso de los judíos a Israel y se librará una batalla final cuando el Señor tenga congregadas a «todas las naciones contra Israel para guerrear». Por ese tiempo «habrá maravillas en los cielos y en la tierra, sangre y fuego, y columnas de humo...» y «muchos de los que duermen en el polvo de la Tierra despertarán, unos para la vida eterna y otros para oprobio y desprecio».

Hal Lindsey *(The Late Great Planet Earth)* ha encontrado en el Antiguo Testamento y en la Revelación ciertos versos proféticos que parecen destacar el planteamiento de una batalla futura con los atacantes de Israel indicados claramente por la dirección de donde provienen sus asaltos aunque no por su nacionalidad o agrupamiento político, cuyos nombres no existían en tiempos antiguos pero hoy tienen un sonido familiar para todo el mundo.

Especialmente significativa es una profecía sobre el Juicio Final del propio Jesucristo, según la mencionan San Lucas y San Mateo: «...se levantará nación contra nación y reino contra reino y cuando viereis a Jerusalén cercada por los ejércitos, entended que se aproxima su desolación... Y habrá señales en el sol, y en la luna y en las estrellas; y sobre la tierra, desazón de las naciones... el mar y las olas rugirán... cuando veais que esas cosas pasan, sabed que el reino de Dios está al alcance...»

Entre los budistas existe la tradición según la cual el mundo terminará dos mil quinientos años después del nacimiento de Gautama Buda, quien, como es sabido, nació el año 500 a. de C. lo cual significa que el fin del mundo actual sobrevendría hacia el año 2000. La tradición budista tibetana ha mantenido desde hace tiempo que el mundo finalizará pocos años después de que el Dalai Lama abandone el Tibet. En 1951, él abandonó el Tibet perseguido por el ejército chino rojo. Otra tradición budista de la encumbrada cadena montañosa del Asia Central, una profecía que, según creencia popular, ha emanado del legendario Rey del Mundo residente en la ciudad subterránea de Arghati, presagia que el fin del mundo ocurrirá apenas comience la Tercera Guerra Mundial. Esta profecía fue hecha varios siglos antes de que se hubiesen podido imaginar muchos detalles de las dos guerras mundiales; no obstante, todos ellos fueron expuestos en la profecía Arghati.

La tradición musulmana no especifica las fechas del fin del mundo, pero dice que llegará poco después de que el hombre haya caminado sobre la Luna. (Algunos comentaristas musulmanes aducen que los astronautas no han caminado todavía sobre la Luna real, lo han hecho sobre una falsa, teoría desarrollada, independientemente, en una popular película estadounidense hace varios años.)

Los musulmanes chiítas, que atribuyen su ascendencia religiosa a un sobrino de Mahoma y que constituyen la mayoría de la población musulmana en Irán y Pakistán, esperan un cambio básico en el mundo y el día del Juicio en que se aparecerá el duodécimo Imán, que tal vez esté viviendo ya en este siglo y cuya identidad será revelada muy pronto.

Los aztecas y los pueblos amerindios con ellos relacionados pronosticaron el fin al término del cuarto «mundo» o edad cíclica, denominado «el Mundo del Fuego», cuyo término está previsto para los próximos años. Los hopi de Arizona creen que un planeta tenebroso y fatídico, avanzando ahora mismo hacia la Tierra pero todavía invisible, será anunciado por una extraña flor azul creciendo en pleno desierto. (Se ha encontrado ya esa flor.)

Una profecía medieval insólita indica que el fin del mundo sobrevendrá con la muerte del último Papa. Esta profecía estaba incluida en una lista de papas futuros compilada por San Malaquías, arzobispo de Armagh, Irlanda, en el siglo XII. Esa lista describe los orígenes, precisando rasgos y reinos de todos los papas hasta el último, cuando Roma será destruida y vendrá el Día del Juicio. El último Papa se llamará Pedro y, según la profecía de San Malaquías, sucederá al Papa que reina hoy día.

Nostradamus, el profeta más renombrado de la Edad Moderna, fue un erudito francés del siglo XVI con una capacidad inquietante para pronosticar acontecimientos que ocurrirían no sólo durante su vida, sino también varios siglos después de su muerte. Él profetizó con éxito el comienzo y el fin del Imperio británico (antes de su formación), la Revolución francesa y la ejecución de los monarcas, las guerras mundiales primera y segunda con sus respectivos desenlaces, la destrucción de ciudades desde el aire mediante bombas, así como las carreras militares y políticas de Napoleón y Hitler, e incluso alusiones a Jomeini y Gaddafi relacionándolos con nacionalidades y acciones. Sus profecías quedaron expresadas en cuartetos poéticos, por lo general de fácil comprensión, pero dando muy raras veces fechas concretas. Ahora bien, respecto a la gran catástrofe mundial su estilo varió por completo y, dejando aparte las aparentes adivinanzas, pronunció una clara advertencia al determinar que ocurriría durante el mes séptimo del año 1999.

Un profeta americano, Edgar Cayce, que hacía sus profecías cuando se le interrogaba mientras él estaba en un estado de somnolencia, es notable por la precisión de sus predicciones, formuladas varios años antes del acontecimiento. Esos pronósticos describían con cierto detalle unos sucesos que no habían ocurrido todavía, tales como la muerte de dos presidentes al poco de su elección, el asesinato de otro, así como también de un candidato, la conmoción civil, los movimientos sísmicos, el desarrollo del láser y el máser, que por ser desconocidos en aquellas fechas él los definió como una simple propiedad del cristal... lo que era cierto. Sus descripciones de lo que sucedería después de su muerte en 1945, parecen ir cumpliéndose. Sus pronósticos alcanzaron hasta el año 2001... pero no pasaron de ahí.

Como si la amenaza implícita de la era atómica no fuera suficiente, el género humano afronta toda una serie de peligros distintos, por lo general consecuencia de una explotación industrial sin freno de los recursos terrestres. Ello se ha hecho particularmente perceptible al triplicarse la población mundial durante los últimos cincuenta años, de modo que, aun habiendo medios de distribución cada vez más eficaces, no existe, sencillamente, el alimento suficiente para los pueblos de la Tierra.

Entretanto se envenenan mares y océanos con productos químicos, petróleo y desperdicios humanos e industriales. En tierra, sobre todo en los países industrializados donde se «fabrica» la mayor parte de los desperdicios, hay cada vez menos espacio para enterrarlos, e incluso aunque se haga así, los elementos nocivos se esparcen y hacen peligrar la salud de toda la zona circundante. Un problema aún mayor lo plantea la evacuación de los desperdicios atómicos, que es arriesgado sumergirlos en el mar e incluso más arriesgado enterrarlos bajo tierra. Una posibilidad alternativa, la de enviarlos al espacio, entrañaría otros riesgos no aparentes de momento.

La destrucción progresiva de los bosques terrestres mediante la tala (a razón de seis hectáreas por minuto, según cálculos) está aminorando sin cesar la producción de oxígeno (y lluvia) indispensable para la vida, mientras que otros bosques en Europa y Norteamerica están contaminados por la lluvia ácida.

El actual efecto «invernadero» causado por el recalentamiento de la tierra con los excesivos combustibles en la atmósfera, puede desencadenar la licuación de los glaciares polares, lo que elevaría el nivel de los océanos ocasionando otra gran inundación.

La primera indicación de que el desarrollo de la energía atómica en tiempo de paz representa un peligro para las comunidades vecinas, se manifestó en la planta soviética de plutonio en Kyshtym durante el invierno de 1957-1958. Ello sucedió cuando la lluvia radiactiva resultante de desperdicios mal almacenados causó una explosión que mató a centenares, o quizá millares de personas. La desolación producida más la evacuación de todos los habitantes del territorio inmediato y circundante, significó la desaparición de treinta y tantas ciudades en los mapas soviéticos y una declaración de zona prohibida para el área afectada, la cual estuvo vigente hasta que se pudo cubrir el suelo contaminado con tierra y arena empleando a elementos de la población penitenciaria muchos de los cuales murieron más tarde por la radiación. Se dio bastante más publicidad al incidente en Three Mile Island en 1979, y la fusión de Chernobyl (abril y mayo de 1986) con la producción de lo que pareció ser amenazadoras nubes de muerte retardada sobre la Europa central y meridional, revelando el peligro de la fusión atómica con el consiguiente envenenamiento de todo, aire, agua, tierra, personas, animales y alimentos, siendo potencialmente tan peligroso para el mundo y sus habitantes como la guerra atómica.

Los medios de comunicación nos informan con creciente frecuencia sobre accidentes industriales, algunos de los cuales como el desastre químico de los insecticidas en Bhopal, India, matando a miles de personas mientras dormían, comían, descansaban o corrían, se asemejan a las plagas súbitas de la Edad Media. Otro desastre ocasionado por la acumulación de venenos químicos tuvo lugar en el Love Canal, Estado de Nueva York, donde un sumidero defectuoso de desperdicios químicos tóxicos resultó ser el causante de malformaciones en niños recién nacidos que, de sobrevivir, podrían transmitir el mal y presagiar el envenenamiento de futuras generaciones como con el caso de la lluvia radiactiva. En Minamata, Japón, los aldeanos sufrieron daños cerebrales y neuropáticos que les causaron la muerte por comer peces envenenados con el metilo mercurial arrojado al mar por una fábrica cercana.

La cadena de alimentación animal ha quedado rota con la extinción de varias especies animales por el hombre. Dado el desarrollo de las técnicas para la pesca con fines industriales, vastas áreas de los mares y océanos se están quedando sin fauna marina a un ritmo creciente. Grandes regiones del mundo tales como el Sahel a través del África central, se hallan en un estado de inanición aguda con escasas posibilidades de cura salvo la ayuda permanente prestada por otros países. Esta misma situación, agotamiento del suelo y muerte de rebaños enteros, se repite en varias partes del Tercer Mundo y representa un problema casi insoluble si se lo circunscribe a los límites de la actual cooperación internacional. En el Tercer Mundo, el hambre ha acelerado la matanza de casi todos los animales salvajes que quedan en la Tierra, cuya población se ha reducido a un diez por ciento de la existente hace cincuenta años.

Pero, a pesar de las tendencias alarmantes a la superpoblación y superindustrialización que afectan a nuestro planeta, la amenaza de una guerra termonuclear sigue siendo enorme. Aquellos de nosotros que éramos adultos antes de 1945 poseemos una perspectiva del mundo que los nacidos después de 1945 no pueden tener. Antes de 1945, la vida podía ser peligrosa sin duda pero jamás desesperante, jamás amenazando con el fenecimiento súbito y completo del mundo entero como lo hace el estallido de una guerra nuclear con sus bajas iniciales calculadas en mil o dos mil millones de personas más el probable envenenamiento de casi todos los supervivientes.

Quizá la profecía más definida provenga del Arca de Ararat por constituir el recuerdo de una seria advertencia. La historia es común a las «tres religiones del Libro», judaísmo, cristianismo e islamismo, pero fue con el cristianismo primitivo cuando el Arca adquirió importancia suprema como símbolo religioso. En la era de la Roma pagana, cuando la desaprobación oficial contra los cristianos solía culminar con la muerte en el circo o la tortura en las mazmorras imperiales, toscas representaciones de un pez o un arca precedieron a la cruz como signo de identificación en las catacumbas o en alguna otra parte. Mientras que el pez se empleó para significar en letras griegas las iniciales de Jesús, Hijo de Dios, Redentor, la simbólica Arca representó el Juicio de Dios y la esperanza de salvación.

Aunque la historia del Arca pertenezca al Antiguo Testamento, se leen frecuentes referencias a ella como artículo de fe en San Mateo 24, I San Pedro 3, II San Pedro 2, Romanos 1 y Hebreos 2. Algunos investigadores han interpretado ciertas referencias en San Mateo y San Lucas como si significaran que el hallazgo del Arca pregonará el retorno del Hijo del hombre y el Juicio Final, sobre todo San Lucas 17: «Como sucedió en los días de Noé, así será en los días del Hijo del hombre.» Y 17:27: «Ellos comían y bebían, tomaban mujer los hombres, y las mujeres marido, hasta el día en que Noé entró en el Arca, y vino el diluvio y los hizo perecer a todos.»

Mientras nos aproximamos al segundo milenio, un número creciente de personas dudan sobre las posibilidades de sobrevivir para verlo. Este punto de vista se funda, lógicamente, en la aparente incapacidad o desgana del género humano para tomar las medidas necesarias que atajen los procesos destructivos desencadenados por él mismo: guerra nuclear que afectará por igual a vencedores, vencidos y neutrales: saqueo y destrucción de los recursos terrestres; contaminación y envenenamiento químico de los continentes, los océanos y los cielos de la Tierra. Nos lo recuerda el Génesis 6: «Viendo Yavé cuánto había crecido la maldad del hombre sobre la tierra y que su corazón no tramaba sino aviesos designios todo el día...»

Noé fue advertido y mediante sus acciones los demás podrían haberse dado por aludidos, mas no fue así. Pero en nuestro tiempo el hombre se ha advertido a sí mismo mediante los diversos accidentes nucleares y químicos que están teniendo lugar a un ritmo creciente. La promesa bíblica del arco iris no ha sido rota: esta vez el hombre parece haber decidido por su cuenta seguir el camino de la propia destrucción.

El Arca de Ararat es un recordatorio del posible destino que le espera al hombre, pero esta vez no será un vehículo de salvación. Sin embargo, hay otra arca que puede servir. Todo cuanto habremos de hacer cuando la encontremos será repararla y hacerla bien segura para una larga travesía. Dista mucho de ser legendaria, pero está en lugar tan evidente que nadie parece haberse dado cuenta. Está ya provista con alimentos y agua, aún se halla incontaminada y tiene espacio para acoger a una tripulación mucho mayor que la del Arca o las de las otras naves supervivientes de la leyenda. Los animales, al menos aquellos que han sobrevivido, están ya a bordo. El Arca ha sido construida para capear grandes temporales, tan tumultuosos como cualquiera de los que arrostrara el Arca de Noé. No habrá necesidad de enviar afuera una paloma para averiguar si la inundación ha remitido, ya que las catástrofes a superar por esta otra Arca se diferencian de la inundación con que bregara Noé. También es diferente el Arca. Parece esencialmente una nave, pero navega en un océano de una vastedad inconmensurable.

Porque esta vez el Arca es la tierra misma.

TESTIMONIO DE GRATITUD

Se expresa un agradecido reconocimiento a las personas enumeradas a continuación por sus aportaciones a este libro en forma de informes, investigación, fotografías, dibujos, mapas y crónicas sobre expediciones de montañeros. Debe quedar constancia de que tales personas no comparten, necesariamente, las teorías u opiniones del autor tal como aparecen expresadas en *El Arca perdida de Noé.*

Ahmet Ali Arslan, artista, fotógrafo, escritor, alpinista, editor, productor de radio, doctor en Filosofía por la Universidad de Atatürk.

Valerie Seary Berlitz, autora, editora, artista, fotógrafa, investigadora.

Lin Berlitz, investigador.

Jay Bitzer, fotógrafo de Probe Ministries, alpinista.

Ben Bowthorp, teniente coronel, ret., FAs de EE.UU.

Patricia Campbell-Horton, autora, historiadora.

Gloria Cashin, matemática, geóloga.

Bill Crouse, escritor, editor: Probe Ministries, jefe de expedición al Ararat.

Eryl Cummings, alpinista, jefe de expedición al Ararat repetidas veces.

Violet Cummings, autora.

Sheik M. S. Dien, profesor: Ley islámica, Universidad de

Al Ahzar, El Cairo (por deferencia de Dorothy Ashford, investigadora en Historia y Religión).

David Fasold, capitán, Marina mercante EE.UU., buceador, experto en salvamento, explorador submarinista, escritor, investigador arqueológico.

Carlos González G., teólogo, erudito bíblico.

James T. Hashian, autor, funcionario de Asuntos Públicos, Gobierno EE.UU.

George Hause, fotógrafo.

Lloyd Hawkins, teniente coronel ret., FAs, EE.UU.

Edward Kuhnel, abogado internacional, conferenciante.

Elfred Lee, pintor, alpinista, escritor.

Ivan Lee, arqueólogo, pintor, editor, escritor.

John McIntosh, profesor, investigador, alpinista.

René Noorbergen, autor, fotógrafo, corresponsal en el extranjero.

Antonio Pascual F., autor, historiador, profesor.

J. L. Pennington, coronel ret., FAs, EE.UU.

Kenneth Peters, historiador, teniente coronel ret., EE.UU.

Robert Phillips, coronel ret., FAs, EE.UU.

Alexei Nikolaievich Romanov, ya fallecido, presunto hijo del último zar de Rusia.

Herbert Sawinski, arqueólogo, explorador, buceador, piloto, escritor, director del Fort Lauderdale Museum of Archeology.

Zecharia Sitchin, autor, lingüista, especializado en lenguas antiguas del Oriente Medio, arqueólogo, investigador, erudito bíblico, filósofo.

Egerton Sykes, ya fallecido, autor, lingüista, editor, publicista, explorador, funcionario del Ministerio británico de Asuntos Exteriores, con una valoración especial de su archivo contemporáneo e histórico sobre el Arca, puesto a disposición del autor.

Bradley Tellshaw, coronel ret., FAs EE.UU.

J. Manson Valentine, naturalista, paleontólogo, arqueólogo, explorador, buceador, autor, conservador honorario, Museo de Ciencia, Miami; investigador asociado del Museo Bishop, Honolulú.

Bob Warth, investigador, escritor, editor, presidente de la Sociedad para la Investigación de lo Inexplorado.

Phyllis Watson, investigadora, escritora.

Walter Wood, ingeniero, explorador.

Y con especial gratitud a Phillys Grann, publicista, y a Audrey Cusson, editora, por sus palabras de ánimo y su asesoramiento en la publicación de *El Arca perdida de Noé*.

BIBLIOGRAFÍA

Bailey, Lloyd R. *Where Is Noah's Ark?*, Nashville, 1978.

Balsiger, Dave, y Sellier, Charles E., hijo, *In Search of Noah's Ark*, Los Ángeles, 1976.

Berlitz, Charles. *Atlantis: The Eight Continent*, Nueva York, 1974.

– *El triángulo de las Bermudas*, Plaza & Janés.

– *Doomsday 1999 A. D.*, Nueva York, 1981.

Campbell Roger F. *A Place to Hide*, Wheaton, 1983.

Ceram C. W. *Dioses, tumbas y sabios.*

Cummings, Violet. *Has Anybody Really Seen Noah's Ark?*, San Diego, 1983.

– *Noah's Ark: Fact or Fable?*, San Diego, 1972.

Von Däniken, Erich. *Chariots of the Gods?*, Nueva York, 1977.

Garrison, Webb. *Strange Facts About the Bible*, Nueva York, 1976.

Hapgood, Charles. *Earth's Shifting Crust*, Filadelfia, 1958.

– *Maps of the Ancient Sea Kings*, Nueva York, 1966.

– *The Path of the Pole*, Nueva York, 1970.

Irwin, James B. *More Than an Ark on Ararat*, Nashville, 1978.

LaHaye, Tim y Morris, John. *The Ark on Ararat*, Nashville, 1976.

LeVert, Liberté. *The Prophecies and Enigmas of Nostradamus*, Nueva Jersey, 1979.

Lindsey, Hal. *The Late Great Planet Earth*, Nueva York, 1970.

Marston, Charles. *La Biblie a dit vrai*, París, 1952.
Montgomery, John Warwick. *The Quest for Noah's Ark*, Winona Lake, 1977.
Morris, Henry M. *The Biblie and Modern Science*, Chicago, 1951.
Morris, John D. *Adventure on Ararat*, San Diego, 1973.
Navarra, Fernand. *The Forbidden Mountain*, Londres, 1956.
– *J'ai trouvé l'arche de Noé*, París, 1956.
Noorbergen, René B. *The Ark File*, Mountain View, CA, 1972.
Ossendowski, Fernando. *Bestias, hombres, dioses*, Madrid, 1964.
Parrot, André. *Déluge et arche de Noé*, París, 1952.
Parrot J. Friedrich. *Journey to Ararat*, Londres, 1845.
Platt, Rutherford H., hijo ed. *The forgotten Books or Eden*, Nueva York, 1981.
Shirer, William T. *Twentieth Century Journey*, Nueva York, 1976.
Sitchin, Zecharia. *The stairway to Heaven*, Nueva York, 1980.
– *The Twelfth Planet*, Nueva York, 1976.
Summers, Anthony y Mengold, Tom. *The File of the Tsar*, Londres, 1976.
Teeple, Howard M. *The Noah's Ark nonsense*, Evanston, 1978.
Velikovsky, Immanuel. *Earth in upheaval*, Garden City, 1955.
– *Worlds in collision*, Garden City, 1955.
Waters, Frank y White Bear. *Book of the Hopi*, Nueva York, 1969.
Wilkins, Harold T. *Secret Cities of Old South America*, Londres, 1952.
Zanot, Mario. *Dopo il Diluvio*, Milán, 1974.

Y las siguientes obras de tiempos medievales o antiguos:

La Biblia, versión King James.
El Corán, traducido por E. H. Palmer, Londres, 1947.

El Mahabharata, traducido por Protap Chandra Roy, Calcuta, 1889.
Beroso: *Historia de Babilonia.*
Epifanio de Salamina: *Contra todos los herejes.*
Josefo: *Antigüedades judaicas.*
Marco Polo: *Viajes.*
Nicolás de Damasco: *Historia Universal.*
Olearius (Oelschläger): *Viajes curiosos.*
y escritos selectos de:
Sir John Chardin
Sir John Mandeville
Odorico
Juan Crisóstomo.

ÍNDICE ONOMÁSTICO

ÍNDICE

Título de la edición original: *The Lost Ship of Noah*
Traducción del inglés: Manuel Vázquez Tomás
Diseño: Emil Tröger

Círculo de Lectores, S.A.
Valencia 344, 08009 Barcelona
3 5 7 9 8 8 1 2 8 6 4 2

Licencia editorial para Círculo de Lectores
por cortesía de Plaza & Janés Editores, S.A.

Depósito legal: B. 35439-1988
Fotocomposición: gama, s.a. Arístides Maillol, 3, 1.° 1.ª. 08028 Barcelona
Impresión y encuadernación: Printer industria gráfica, s.a.
N. II, Cuatro caminos s/n, 08620 Sant Vicenç dels Horts
Barcelona, 1988. Printed in Spain
ISBN 84-226-2703-5
N.° 30460